塞上回韵

التحف التاريخية لقومية هوى فى متحف نينغشيا بالصين

宁夏博物馆藏回族文物集萃

宁夏博物馆　编著

科学出版社

图书在版编目（CIP）数据

塞上回韵：宁夏博物馆藏回族文物集萃／宁夏博物馆编著．—北京：科学出版社，2011
ISBN 978-7-03-031399-7

Ⅰ．①塞… Ⅱ．①宁… Ⅲ．①回族－历史文物－中国 Ⅳ．①K874.13

中国版本图书馆CIP数据核字（2011）第104870号

责任编辑：孙　莉
责任印制：赵德静／封面设计：谭　硕

科学出版社 出版
北京市东黄城根北街16号
邮政编码：100717
http://www.sciencep.com
北京文博利奥印刷有限公司制版
文物出版社印刷厂印刷
科学出版社出版发行　各地新华书店经销
*
2011年10月第　一　版　开本：889×1194　1/16
2011年10月第一次印刷　印张：21
印数：1～1500　字数：447000

定价：328.00元

（如有印装质量问题，我社负责调换）

顾　问：马成才

主　编：李进增

副主编：王效军　李海东　王根明

编　委：梁应勤　李　彤　魏　瑾

李建军　张瑞芳　金　萍

包熙琨　冯海英

前言 Preface

宁夏回族自治区地处中华文明发祥地的黄河中上游、黄土高原的边缘，正当中西丝绸之路之要冲，自古以来，就是中华民族繁衍、生息、聚集、交融的区域。远在旧石器时代就有水洞沟文化遗址，以及遍布南部地区的新石器时代文化遗址，随后西戎、汉、匈奴、鲜卑、突厥、党项、蒙古、回回等民族为开发建设宁夏都作出了自己独特的贡献。

宁夏是全国最大的回族聚居区，也是唯一的省级回族自治区。宁夏回族的形成和发展有着悠久的历史，唐宋时期，“丝绸之路”沿途地区的来华传教士、商人、使臣等，成为宁夏回族的先祖。元代是西域回回人大量进入中国的重要时期，也是回回进入宁夏的高峰期。随着蒙古军队的西征，大批西亚、中亚的穆斯林或被签发、或自愿进入中国，这一时期，宁夏回回之名屡屡见诸史籍。自明代起，这些留居中国的穆斯林开始以归附土达的身份被安置在宁夏的灵武、固原一带。直至清代，回族遍布宁夏各地。本书精选了近300件馆藏回族文物，就是对这个历史过程最好的实证。

中国是一个统一的多民族国家，构成中华民族大家庭的五十六个民族，都有着各自的民族文化发展史。回族在长期的历史发展过程中，以坚韧不拔的毅力，创造了丰富多彩的民族文化，并已成为中华民族文化中的一个重要组成部分。

宁夏回族依托其历史发展和生活地域，所形成的独具特色的民俗文化，不仅是当地回回民众日常生活的展现，更是整个西北地区穆斯林日常生活的写照。时序变迁，宁夏回族在坚守传统文化的同时，注重吸收其他民族文化的丰富营养，为自身的发展不断注入新的活力！

Contents 目录

第三部分 日常生活用品

第四部分 陈设用品

第五部分 书画艺术

第六部分 服饰与刺绣

宁夏回族历史概述

王效军

一、回回和回回民族称谓的历史沿革

“回回民族，简称回族，不是由中国境内的民族部落融合、发展而形成的民族，而是基本上由于外来人的融合、发展而形成的民族。”[1]

宁夏作为全国回族最为集中的地方，有着悠久的历史渊源，从回回先民踏上华夏大地的那一天起，就与宁夏结下了不解之缘。

“回回”一词最早出现在宋代沈括《梦溪笔谈》中，学者们认为，这里提到的“回回”是“回鹘”的转音或俗写。《梦溪笔谈》成书于11世纪后期，这个词见于文献，至今已有九百年了。南宋晚期，彭大雅、徐霆先后出使蒙古，回来后根据见闻写成《黑鞑事略》一书，书中多次提到“回回”，如“回回人”、“回回国”、“回回字”等。“回回字”即回鹘文，当时成吉思汗曾袭用回鹘字母创造了蒙古文，“回回”在这里实为回鹘的转音，泛指西域各国，书中记载“霆在草地，见其头目民户，车载辎重，及老小畜产，尽室而行，数日不绝……问之则云，此皆鞑人调往征回回国，……尽已臣服”，此处已明确指出了窝阔台时遣兵征中亚各国事，徐霆之所以将西域各国均称为“回回”，显然这个“回回”“除为回纥、回鹘一声之转外，和伊斯兰教并无多大关系”[2]。

随着蒙古统治范围的扩大，与中亚各国人民往来的频繁，“回回”一词的含义，也随之有所变化，“元时之回教人，实以自西域来之回教人为主体……其间，尤以阿伯人与波斯人居大多数”，“元人所称之回回，实不仅宗教的意义。且有十足之民族的意义，元代之诏令文告，如不以‘色目人’与蒙古人、汉人对举，即以回回与蒙古人、汉人并举，或以回回、畏兀、乃蛮、唐兀与契丹、汉人对举，此见元人心目中，回回与蒙古、畏兀、乃蛮、唐兀、契丹、汉人等，均各为一个民族”[3]，因此，在蒙古官方文书或诏书中，回回一般都是指信仰伊斯兰教的中亚各族人，而将“回鹘”称之为“畏兀儿”或“委兀儿”。《元史》记载，至元二年（1265年）忽必烈在一份诏谕中云：“今拟黄河以南，自潼关以东，直至蕲县地面内百姓、僧、道、秀才、也里可温、答失蛮、畏兀儿、回回……应据官中无身役人等，并不得骑坐马匹。”元《至顺镇江志》也在载述其地侨居户时云“蒙古二十九（户）、畏兀儿十四（户）、回回五十九（户）、汉人三千六百七十一（户）”。这里所说的“回回”与“回鹘”显然不相干，按当时使用情况看，其涵义已与“穆斯林”大致相当，主要是指来自中亚的各国人。

14世纪中叶，明代元而兴，“回回”一词的使用，基本上沿袭了元代。《明史·哈密传》引马文升奏疏中就有：“哈密故有回回、畏兀儿、哈刺灰三种，北山又有小列秃、也克力相侵逼，……”

许进《平蕃始末》："哈密只人凡三种：曰回回、曰畏兀儿、曰哈剌灰，皆务耕织。"均可为证。但又派生出"汉回"一称，主要是指长期生活在内地的回回人，如严嵩《议处甘肃夷贡疏》"缘汉通事，实本非我族类……今后如遇回夷入贡，伴送通事，亦用中精通回语之人，不得差委汉回"。

到了清代，由于存在着以伊斯兰教作为划分民族的倾向，故又常常将"回回"和维吾尔族俱称"回"，但为了区别，有时也称"回回"为"汉回"、或"熟回"，称维吾尔族"缠回"或"生回"。现代广大回族人民仍依元明时期的习惯自称"回回"。

二、回回和回回民族形成的历史

回族作为一个民族共同体在中国形成，是多民族长期融合的结果。

众所周知，穆罕默德兴教之际，正是中国的隋唐时期，伴随着中西交通的开拓，东来中国的阿拉伯人、波斯人和其他信奉伊斯兰教的各国人日益增多，在中国出现了数以万计的"蕃商"、"蕃客"和"胡贾"，他们主要集中在长安、广州和扬州等地，此时到过广州的阿拉伯商人苏来曼在其《游记》中写到"中国商埠为阿拉伯人麇集者曰康府。其处有回教伊玛目一人，寺院一所，各地回教商贾既多居广府（广州），中国皇帝任命回教判官一人，依回教风俗，治理回民。制定每星期必有数日专与回民共同祈祷，即读先圣戒训……一切皆能依《可兰经》、圣训及回教习惯行事"。

这些寄籍"番商"有的后来长期寄居于中国，娶妻生子，并接受汉文化的影响，改用汉族姓名，习儒书，以适应其生活的环境；有的仕宦于当朝，如唐宣宗大中二年（848年）以进士显名的李彦升，据说就是原居住于广州的阿拉伯商人。五代时颇具诗名的李珣兄妹，其祖先也是移居四川的波斯商人。唐乾符五年（878年）黄巢起义军攻破广州，据载在广州的穆斯林、基督教徒、犹太人等前后被杀者有12万人，所列数字或不免夸大，但其中穆斯林商人占多数是可以肯定的。

宋太祖赵匡胤建立宋朝后，虽远不及唐代兴盛，但因继续实施对外开放政策，经海路到广州、泉州、明州（宁波）、杭州等地贸易定居的波斯、阿拉伯等国的商人，比唐朝还要多，他们从事象牙、犀角、珍珠、香料等的运输和贩卖，大都获利甚丰，成为各地的巨富。《泉州府志》："胡贾航海踵至，其富者资巨万，列居越南"，如巨商蒲寿庚家族，据说就是先居广州后迁泉州的。《广东通志》云："海舶贾蕃，以珠犀为之货，从委于地，号称富庶"，为获取巨大利润，有的人甚至千方百计请求到内地州郡经营，部分穆斯林手工业者、宗教职业者等也相继前来定居，从而使前来寄居的穆斯林不断增加，并逐渐出现了"土生番客"及"五世番客"诸名目。这些人，在整个回回民族来源中所占比例不大，最主要来源还是13世纪初年以后，由中亚等地陆续迁入的各地回回人。

元代回回很多且分布广，《明史·西域》上有"元时回回遍天下"的说法。14世纪来中国游历的北非穆斯林伊本·白图泰，记载了中国各地穆斯林的情况，他说："中国各城市有专供穆斯林居住的地区，区内有供行聚礼等用的清真大寺。"又说："中国每一个城市都设有谢赫·伊斯兰，总管伊斯兰教务。"[4]他还具体记述了剌桐（泉州）和杭州穆斯林的情况，以及他在那里受到的兄弟般的欢迎。著名的意大利旅行家马克·波罗在他的游记中对中国穆斯林情况也有记载，他说押赤（昆明）"城大而名贵，商工甚众。人有数种，有回教徒、偶像教徒，及若干聂思脱里派之基督教徒"[5]。宋末元初人周密，在他所撰《癸辛杂识》一书中说："今回回皆以中原为家，江南尤多。"元至正八年（1348年）的定州《重建礼拜寺记》，云："回回之人遍天下，而此地尤多，朝夕也不废礼。"元《至顺镇江志》详载了镇江路回回人的情况，那里回回人数目仅次于汉人，居各色目人口之首。有一定数量穆斯林居住的地方，都建有伊斯兰教寺院——清真寺。

中亚回回人东渐是成吉思汗及其子孙西征中亚的结果。自成吉思汗1219年远征中亚、波斯以后，历经窝阔台、贵由和蒙哥汗时期的几次西征，蒙古贵族先后征服了中亚、西亚的广大信仰伊斯兰教的民族。特别是成吉思汗时期的西征，几乎在攻克每一个大城市之后，都要将大批工匠、居民编入军队，签发到东方。例如，在讹答剌，"那些刀下余生的庶民和工匠，蒙古人把他们掳掠而去，或军中服役，或者从事他们的手艺"[6]；在撒马尔罕一城"取工匠三万人"[7]；在花剌子模国首都玉龙杰赤，一次就签发"为数超过十万的工匠艺人"[8]，因此，这些被签发到中国的阿拉伯、波斯和中亚其他各国信仰伊斯兰教的穆斯林中有商人、军士、工匠、使者和传教士。到中国后，被元朝官方文书称为"回回"，属于色目人中的一种。其中西北地区是元代"回回"居住的一个重要地区。根据《元史》记载，至元二十三年，"遣蒲昌赤贫民垦甘肃闲田"，二十五年，"以忽撒马丁为管领甘肃、陕西等处屯田等户达鲁花赤、督翰端、可失合儿工匠千五十户屯田"。为了储备西进粮食，元军签发今新疆各族迁至甘肃、陕西进行屯田，蒲昌（今罗布泊）、翰端（今和田）、可失合儿（今喀什）之民中相当一部分为穆斯林，他们迁入甘肃、陕西后，使西北地区的回回进一步增加。元廷对迁入陕甘的回回户一直给予帮助，至治二年（1322年）英宗下诏"免回回额外内户屯戍河西者银税"。由此可见，自元以来，回回人已经成为这一地区的主要居民之一。

回回最终成为我国的一个民族是在明代。元代回回是来华信仰伊斯兰教的各族人的汇合体，明代回回则已形成为一个稳定的民族共同体。

明代，汉语已成为回回的通用语言，懂阿拉伯文、波斯文的人已经不多，只作为宗教词汇或少数传统语言保留。明末清初的江苏回民王岱舆首先将阿拉伯文、波斯文伊斯兰教经典翻译成汉语，用汉文著述伊斯兰教书籍，就是为了适应广大回民的实际需要。明代回回彼此间已经有了共同的感情，史书记载"党护族类"，外出"千里不持粮"。明宣宗说"回回人善营利"。回回表现在经济生活上的显著特点——经商理财，成为其民族文化特征的一个重要组成部分。经过二三百年的繁衍生息融合发展，回回在中国土地上最终成为中华民族大家庭的一员。

由此可见，回族先民的种族成份是相当复杂的，归纳起来主要由三部分组成；（1）外来成分。唐宋时期陆续从海陆来华定居的波斯和阿拉伯商人、使节及其后裔是最早的回族先民。蒙元时期蒙古人西征从西亚、中亚签发来的军士、工匠为规模最大的一批回族先民。（2）边疆内附成分。

明代以哈密、吐鲁番、瓦剌为主的大批西域回回内附。（3）吸纳成分。通过异族通婚吸纳国内民族，主要是汉族、改信伊斯兰教的蒙古族和其他民族等。

三、宁夏回族的形成与发展

宁夏回族历史源远流长，其形成与伊斯兰教在中国的传播分不开。回回人入居宁夏之初，也就是伊斯兰教传入宁夏之时。远在唐宋西夏时期，宁夏就有穆斯林的活动，自元代大批穆斯林定居宁夏后，伊斯兰教也就成为宁夏地区的主要宗教，因此，伊斯兰教在宁夏的活动最早可上溯到唐末。

“丝路”从西汉初开辟，就一直是连接欧亚陆路交通的大动脉，宁夏正处于这条商路的必经之地，大唐盛世丝路交往十分活跃，而当时同样强大的且与唐接壤的大食人，包括当地波斯人及已经改信伊斯兰教的中亚各族穆斯林，在这条商路上占有很大的比重，“他们从西域经河西走廊，入凉州（今甘肃武威）、景泰之后，过黄河到靖远，越干盐池、西安州到海原县城，穿贾塘、郑旗、苋麻河到黑城、三营及固原城，而后过开城、瓦亭、三关口出宁夏，又经甘肃东部进入陕西”[9]。因此，宁夏地区留下了许多大食及西域各国穆斯林军士、商人及贡使过往的踪迹。

到了北宋、西夏时期，东来的穆斯林多数从玉门、酒泉经西夏属地而至中原。

元朝是西域穆斯林大批入居中国的时期，也是宁夏有大量回回进入的高峰期。

这一时期，宁夏回回屡屡见于史籍，《元史》记载，至元八年（1271年）曾“签西夏回回军”，说明宁夏地区曾驻有大量的回回人；至元二十一年（1291年），“以甘肃旷土赐昔宝赤、合散等，俾耕之”。合散，回回人，延祐元年曾任中书右丞相、监修国史，他所居住的地区必是回回人聚居之所，当时的宁夏隶属于甘肃，以甘肃旷土赐他，可见当时这一带回回人已有相当的数量，他们成为宁夏回族的来源之一。

在元代，宁夏是重要的屯垦地区，1278年在开城（今固原开城乡）设屯田总管府，根据《元史》记载，从1278年到1296年，先后六次有3万多人，屯田宁夏。诸如1281年（至元十八年），世祖“命安西王府协济户及南山隘口军，于安西、延安、凤翔、六盘山处屯田”；1286年（至元二十三年十月）“徙戍甘州新附军千人屯田中兴”；1288年（至元二十五年）督斡端（和田）、可失合尔（喀什）工匠千五十户屯田于陕西和甘肃等处；至1296年（元成宗元贞二年）“自六盘山至黄河立屯田、置军万人”，这其中自然有许多回回军士。另外，当时宁夏南部行政区划归属陕西行中书省管辖，元代著名的回回政治家赛典赤赡思丁的儿子纳速剌丁曾任陕西平章政事，根据《陕西通志》记载，他的“子孙众多，分为纳、速、剌、丁四姓，居留各省，故宁夏有纳家户、长安有剌家村，今宁夏纳氏最盛”，故《蒙兀儿史记》“色目氏族表”中“回回氏”介绍：“凡名末有丁字者，皆摩可末教（穆罕默德教）徒男子之美称。”此纳、速、剌、丁在元时已被列为当地“乡贤”。马宵石先生在《回回来源与形成》中写到“元代银川有安集延回回两千户，他们居住城中自然以商业为主”。可见，回回民族在宁夏居住已有相当长的时间。

元代宁夏回族还有一个有史可查的重要来源，那就是安西王阿难答及其所属蒙古军队的大部分皈依伊斯兰教。波斯史学家拉施特《史集》记载，忽必烈第三子忙哥剌（1272年被封为安西王）所管辖唐兀特（西夏）“乃一幅员广阔的大国……在该国中有二十四座大城，该处居民大多数为木速蛮”。“木速蛮”为波斯语音译，为元代穆斯林的统称。《多桑蒙古史》也记载，继位的安西王阿难答自幼受一回回人抚养，“皈依回教，信之颇笃”，在唐兀（原西夏旧称）广泛传播伊斯兰教，其所部士卒十五万人，“闻而信从其教者居其大半”，尽管阿难答在后来争夺帝位的斗争中兵败被杀，但伊斯兰教已经在宁夏等地牢牢地扎下根来。

这些东来的回回人，逐渐与当地的女子结婚定居，繁衍生息，在发展回汉两族古老姻亲关系的同时，一部分信仰伊斯兰教的东乡人和撒拉人等也融合进来，使回族成为宁夏的主要民族之一。

明代对回族采取怀柔政策，故促进了回回民族共同体的稳定发展与人口的繁衍壮大，不断有大批回回人以归附土达的身份被安置到灵武及固原各州县，形成了许多回族聚居点。到了明末清初，回族已遍布西北各地，由于回族在宁夏一带居住十分密集，故当年在甘肃等地有“回七汉三”的说法。明代宁夏已有多座清真寺的明确记载，根据《嘉靖宁夏新志》记载，当时银川城“礼拜寺”的面积相当于城内显赫的贵族宅第“丰林王府”和“真宁王府”。另外，同心县清真大寺，“相传初建于明代，清乾隆五十六年（1791年）和光绪三十三年（1907年）曾两次重修”[10]，永宁县纳家户清真大寺“始建于明嘉靖三年（1524年）”[11]。到了民国时期，清真寺的数量达到457座[12]，这表明了宁夏已成为我国回族的主要聚居地。

四、独特的宁夏回族民俗文化

宁夏回族民俗文化作为回族文化一个重要组成部分，是历史上伊斯兰文化和中国本土文化长期交流融合的结果，正如专家所言“回族作为我们祖国多民族中的一员，在长期的历史发展中，形成了一整套本民族独特的风俗习惯，这些民俗遍及社会的经济基础和上层建筑的各个方面，是回族政治、经济、文化生活的一种反映，也是回族历史传统、共同心理素质和生活方式的具体表现，是回族人民长期不断地吸收阿拉伯文化、波斯文化和中国文化等各种文化因素过程中，过滤、筛选和沉淀，从而成为沟通传统与现实、物质生活和精神生活之间的一种民族基础文化”[13]。

从宁夏博物馆所藏的回族民俗文物的种类来看，突出表现在两个方面：一是宗教性，回族大都信仰伊斯兰教，因此，其风俗习惯也都遵循伊斯兰教经典的规定行事，以回族的饮食习惯为例，《古兰经》明确规定：“准许他们吃佳美的食物，禁戒他们吃污秽的食物”（7：157），“禁止你们吃自死的动物、血液、猪肉，以及诵非真主之名而宰杀的、勒死的、捶死的、跌死的、觝死的、野兽吃剩下的动物，但宰后才死的仍可以吃”（5：3），在这一点上，回族是完全一致的。二是地域性，由于历史原因，回族以“大分散，小集中”的形式分布在全国各地，置于各个不同地域文化的影响和作用之下，进而形成了一系列富有地域特色的回族民俗文化。由于宁夏南部山区大量饲养牛羊，且盛产秋季杂粮作物，故宁夏回族的日常饮食多以牛羊肉和杂粮为原料，地方特色十分鲜明。

宁夏回族民俗文化，内涵十分丰富，涉及到宁夏回族物质、精神等层面的各个方面，包含着宗教文化、节日文化、饮食文化、婚丧文化、服饰文化等多项内容，正是由于这种鲜明的民族特色和地域特点而成为宁夏回族区域文化艺术的代表，它与宁夏回族人民的生存和生活密切相连，并且贯穿、依附、渗透在回族群体的心中。

注释：

[1] 白寿彝：《回回民族的形成和初步发展》，《回族史论集》（1949—1979），宁夏人民出版社，1983年，第15页。

[2] 杨志玖：《“回回”一词的起源和演变》，《中国伊斯兰教史参考资料选编》（1911—1949）上册，宁夏人民出版社，1985年，第228～229页。

[3] 白寿彝：《元代回教人与回教》，《中国伊斯兰教史参考资料选编》（1911—1949）上册，宁夏人民出版社，1985年，第197～198页。

[4] 马金鹏译：《伊本·白图泰游记》，宁夏人民出版社，1985年，第546、552页。

[5] 冯承钧译：《马可·波罗行纪》，中华书局，1954年。

[6] 志费尼：《世界征服者史》上册，中译本，内蒙古忽耐出版社，1980年，第99页。

[7] 冯承钧译：《多桑蒙古史》上册，中华书局，1962年，第10页。

[8] 志费尼：《世界征服者史》上册，中译本，内蒙古忽耐出版社，1980年，第147页。

[9] 刘伟主编：《宁夏回族历史与文化》，宁夏人民出版社，2004年，第3页。

[10] 邱树森主编：《中国回族大词典》，江苏古籍出版社，1992年，第844页。

[11] 同上。

[12] 《十年来宁夏省政述要》，附录篇·回教礼拜寺分布统计表，第99～100页。

[13] 王正伟：《回族民俗学概论》，宁夏人民出版社，1994年。

宁夏回族民俗文物综述

李进增

回族是我国少数民族中人口较多的一个民族，也是居住地最不集中，分布最广的一个民族，根据2000年第五次全国人口普查统计，回族约981万人，如今已人逾千万。主要聚居在西北地区及河南、云南等省区，其他各地也均有分布。其中宁夏作为全国五个少数民族自治区之一，回族尤为集中，所表现出来的回族文化也最为突出。

回族文化是伴随着回回民族的产生、发展、壮大而逐步形成和巩固起来的。早在隋唐时期，已经有了沿海陆丝绸之路进入中国内地经商的中亚细亚各民族商人——“蕃客”、“胡商”，其中部分人在中国定居，娶妻生子，成了中国大陆上的“土生蕃客”。13世纪，成吉思汗率蒙古大军西征，在攻陷葱岭以西、黑海以东信仰伊斯兰教的中亚各国后，回师东下攻打中国的西夏、金和南宋，大批被征服的穆斯林被编入蒙古大军来到中国，元朝建立后，信奉伊斯兰教的阿拉伯人、波斯人后裔在中国已经有了相当的人数，同时由波斯、大食等地来的“回回客”不断迁入中国，元代官方文书中把他们通称为“回回”，并确立了“回回”的户籍，回回人的“蕃客”身份由此得到了彻底改变，社会政治地位也明显提高，回回人逐渐成为中华民族大家庭中的一员。

宁夏作为“丝绸之路”的途径之地，伊斯兰教传入历史悠久，当时来华的人员中有传教士、使臣、手工业者、商人和各类知识分子等，他们成为宁夏回族的先族。根据《元史》记载，至元八年（1271年）曾“签西夏回回军”，表明宁夏地区曾驻有大量的回回人。特别是忽必烈之孙阿难答所率15万人皈依伊斯兰教后，使宁夏回族人口激增。明代以后，大批回回人又被安置在宁夏“屯戍”。到了清代，基本形成了全国最为集中的回族聚居区。新中国成立后的1958年9月23日，宁夏回族自治区成立，标志着以回回为主体民族的省一级行政区正式确立。

回族文化是伊斯兰文化与中国本土文化长时期相互作用相互影响而形成的一个相对独立的文化体系。作为回族文化内核的伊斯兰文化不仅是回族文化形成的基础，而且还给回族文化赋予了独特的民族共同性。但是由于历史的原因，回族“大分散，小聚居”的分布格局，使其散居在中华多元文化之中，在各个不同区域文化的影响和作用下，形成了一系列富有地域特色的回族文化。为了适应生存地域内多样性的文化和社会环境，各地回族在伊斯兰文化的基础上吸收了中国本土文化中不同地域、不同民族文化中相应的成分，并在住宅及其建筑、服饰、饮食、婚俗、语言等方面表现出较强的地域色彩。宁夏地处黄土高原，深受西北民间文化的影响，在长期的发展过程中，形成了别具特色的宁夏回族民俗文化，具体表现在文物上主要有三类：一是宗教用品；二是独特的日常生活用具；三是具有地域特色的民间艺术品等。

一、伊斯兰教经典《古兰经》

在博大丰厚而独特的回族文化宝库中，《古兰经》最能体现回族穆斯林宗教信仰文化，它也是回族文化的一个标志。虽然回族文化在地域上有异彩纷呈之貌，但是这种地域特色的表现多限于物质文化的层面，而对于回族文化深层次的民族宗教文化并未因此失去其传承性。回族信仰的基本内容是依据《古兰经》的规定，因此，各种不同版本的《古兰经》就成为回族历史和民俗文物的一个重要内容。

《古兰经》是伊斯兰教的根本经典，在中国曾被译为《古尔阿尼》、《可兰经》、《古兰真经》、《宝命真经》等，共有30卷，114章。该经为阐述伊斯兰教教义和立法的首要依据，也是伊斯兰教的信仰学、法学、伦理学以及阿拉伯语语言学等赖以建立与发展的基础。

宁夏博物馆所藏《古兰经》版本主要有两种，一种是手写本，另一种是印刷本。早在印刷术传到中亚、西亚之前，《古兰经》主要是靠穆斯林的手抄和口传得以流传。在伊斯兰教史上，教读、背记和抄写《古兰经》被认为是宗教善行。各类伊斯兰教育都以学习《古兰经》为教学的中心内容，鼓励穆斯林自幼背诵经文，能背全经者称为“哈菲兹”而受到嘉许和尊重。在使用纸张之前，《古兰经》是写在羊皮、纸草和牛或骆驼的肩胛骨以及木板之上，供人习读。造纸术传入中亚和西亚国家后，便利了《古兰经》的传抄和流传。在信仰伊斯兰教的东方各民族中，出现过不少优秀的《古兰经》书写家，并以带有其民族特点的单色或彩色图案装饰各自的经文写本。王公贵族和富人也以支持抄写《古兰经》为善功，故从9世纪起出现了用金泥书写的《古兰经》。千百年来，信仰伊斯兰教的各民族中，都有许多书写优美、装饰精致的《古兰经》写本。

宁夏博物馆所藏写本《古兰经》中最具代表性的有两部：其一是描金手抄墨书《古兰经》，长38厘米、宽31厘米、厚8厘米，封面是用布包着的硬厚纸壳，里面是皮宣纸，用手工仔细装订而成。所有的文字全部是手工抄写，每个字母都很工整。翻开书页，在页面两边都用描金线条构画出对称的花卉图案，每幅图案初看时似乎一样，但仔细观察对比后再看是不一样的。虽历经多年，书翻开后仍可闻到淡淡的墨香。该书既是一本传播伊斯兰教的经典，又是一部中国化了的阿拉伯文书法艺术的汇集。从书写的笔法来看，笔者具有很高的阿拉伯文化造诣和很深的书法艺术功底，足见回族人民对伊斯兰教最高经典《古兰经》的崇敬和对伊斯兰教的虔诚。

经考证，这本描金手抄本《古兰经》，是先用阿拉伯文书写成书，再由彩绘者用金粉水颜料仔细地绘出花卉图案，然后在纸上涂一层明矾水，晾干后再抹一层稀释的桃胶水，这样会使纸张更加有韧性，同时还起到了防虫和保养墨色、图案色彩的效果。这种工艺和技术是我国明代常用的手法，由此也说明了明代是回回民族大发展的时期。

其二是手抄墨书《古兰经》，一套共30本，每册长24.2厘米、宽19.5厘米、厚2.5厘米，白布包皮，内页墨书阿拉伯文，并用两道红线勾勒边框，红笔圈注。由于雕版和活字印刷阿拉伯文较为困难，所以清代以前的中国穆斯林学习《古兰经》及其他伊斯兰教经典，一般都采用手抄本，手抄就成为那时传播伊斯兰教经典《古兰经》和阿拉伯文化的重要手段。抄写经典是“海里凡”（学生）的日常课程，所使用的书法体主要是纳斯赫体（也叫誊抄体）和波斯体，这两种书法结构简洁，字体秀丽，流畅易书。

印刷术兴起后，《古兰经》开始用石印或铜版印刷，因怕发生错误，不用活字排印。据说《古兰经》第一个印刷本是15世纪末在意大利的威尼斯城出版的，但并未广泛流传。17世纪末，东方学者亨克利曼曾在德国汉堡印行了《古兰经》。至于穆斯林印刷的《古兰经》，当以1787年由毛拉奥斯曼在俄国圣彼得堡出版的为最早。直到19世纪以后，土耳其、波斯、印度等国才先后开始印刷。1862年，我国云南的回族穆斯林刊行了木刻版的《古兰经》——《宝命真经》。1923年，埃及官方出版了由爱资哈尔大学长老委员会审定的《古兰经》。至此，各伊斯兰教国家都以不同的开本和装帧大量印行。

目前，宁夏博物馆所藏的印刷版《古兰经》大多是中国穆斯林到麦加朝觐带回来的，其中藏有一部袖珍《古兰经》，长19.6毫米、宽13.2毫米、厚6.1毫米、重1.1克、体积3.2立方厘米，该经书装帧精致，字迹清晰，封面是紫红色牛皮纸，扉页上面印有埃及国徽和阿拉伯文。经考证阿拉伯文的内容是“这本尊贵的古兰经，只有内清外洁的人才可以触摸，伊历1312年”，也就是1892年出版的。这本《古兰经》还配有一个制作精致的小铁盒，铁盒表面虽有些锈迹，但上面压印有精美的花卉图案，具有较高欣赏价值。从其版本可以看出，中国的造纸和印刷术在传入阿拉伯和欧洲以后，对世界文化的发展产生了重要作用，特别是阿拉伯地区在吸收中国造纸和印刷术的同时又有创新和发展。这本《古兰经》的印刷水平之高，反映出阿拉伯世界已较熟练地掌握了金属版印刷术，经书中阿拉伯文字非常细小，只有借助放大镜才能阅读，可见当时阿拉伯工匠们高超的制字术和工艺技巧。

这件袖珍本《古兰经》是怎样到宁夏的已无从考证，更无文献记载。根据流传下来的资料记载，该经书是1959年在银川市新城区（今金凤区）搞建设时，从原马鸿逵兵营废墟工地出土的。新中国成立前马鸿逵曾统治宁夏，因此，从时间上判定此物应是1949年之前就到了宁夏。这本袖珍《古兰经》从一出土就被妥善地保存在宁夏博物馆里。1996年9月24日，国家文物局组织的专家组将其定为国家一级文物。

二、宗教用品

回族严格按照《古兰经》的规定行事，因此，宗教方面的用品十分丰富，诸如赞珠、拜毯子、经匣和经桌等。

念珠，又叫“赞珠”，阿拉伯文Subha的意译，音译为“苏哈布”或者“太斯比哈”，是穆斯林念颂赞词时用以计数的工具。通常用宝石、玛瑙、琥珀、象牙或香木等制成，贯穿成串，一般为33颗或99颗。每念颂一次真主的“美名”或其他赞词，拨动一颗珠子。15世纪后，赞珠在穆斯林中已广为使用。宁夏博物馆所藏的赞珠最早为清代，多数为近现代。

拜毯，也叫“拜毡子”、“礼拜垫”、“拜

垫”、“拜垫子”。一般个人用长约1.5米，宽约0.6米；清真寺大殿的拜毯长6～10米，宽约0.6米，为穆斯林做礼拜时用的铺垫。拜毯的质地多为羊毛、棉等，表面绘有圣寺和几何花卉图案等。

经匣，一般由箱体和支座组成，经箱正面绘有阿拉伯文字，内容多为清真言[1]，是穆斯林放置《古兰经》的用具。

经桌，多呈长方形，桌面一般都刻有阿拉伯文清真言，是穆斯林用以专门摆放《古兰经》的器具。

三、阿拉伯文书法艺术

阿拉伯文书法艺术，在伊斯兰造型艺术中占据着十分重要的地位，被誉为世界上最优美的书法之一。书写者通过采用夸张、变形、连接等手法来进行创作，采用圆形、方形、云纹形、植物形、望月楼、清真寺、香案、花卉果蔬以及博古等图形，绘画效果十分明显，但又不失原文字的基本形体，其书写时如同绘画，将书法与绘画相融汇，远望是画，近观为书，既神圣肃穆，又轻松活泼。传入中国后，在与汉字书法艺术的不断交流中，从用笔、用纸、用墨、签名、盖章，到书写手法、布局安排、表现形式、装祯艺术等各方面吸取精髓，注入本体，在保持其固有内涵的同时，又增添了新的形式，形成了一种新的书写体——中国体。

阿拉伯文书法的基本内容主要来自伊斯兰教教义，多为太思米[2]、清真言、赞颂词和《古兰经》经文等，从右至左书写，字体有库法体、三一体、行书体、公文体、波斯体等。在用笔上，“中国穆斯林根据自己的文化特点，把汉字书写的毛笔以及与之相近的麻制笔、草制笔、丝制笔、布包竹笔等带有柔韧性质的笔来写阿拉伯书法，致使书写的效果一反阿拉伯文书法的传统表现形式，而产生了在汉字书法中常常出现的飞白等与传统阿拉伯书法大不相同的新感觉，特别是再经过书法家执笔的轻、重、缓、急和高超的技艺，把阿拉伯书法写得像嫩枝，清新柔和；又像劲松，刚劲雄伟；有时龙飞凤舞，潇洒自如；有时杨柳依依，清丽爽旷”[3]。

宁夏回族群众在宗教活动中有书写阿拉伯文的习惯，常用于清真寺匾额和家庭装饰。回族家庭一般是把绘有天房克尔白的画片或书写着经训的阿拉伯文中堂、对联悬挂在主卧室、客厅正中间或西墙的壁面上，作为回族穆斯林家庭认主信善的标识。

著名史学家顾颉刚先生曾经这样评价阿拉伯文书法：“回教同仁赠我以马经邦阿訇所作阿文对联及大中堂，其字以竹帚书写，顿若山岳，扬若轻烟，有似散花之舞，知中土飞白书即用此种笔墨，是亦中西交通上文化沟通之一例也。”[4]

四、独特的生活用品

由于回族信仰伊斯兰教，因此，日常生活用品在严格遵守伊斯兰教规定的同时，又不同程度地受到各地区域文化的影响。在宁夏主要是西北地区民间文化的影响，表现在生活用品、服饰、民间乐器等诸多方面。其中最具代表性的器物有汤瓶、吊罐、刻阿拉伯文香炉、熏炉、炭火炉、阿拉伯文挂盘、盖碗、口弦等。

阿拉伯文香炉，质地有铜、瓷和陶等多种。在宁夏回族家庭陈设中，一般客厅正中的案桌上都摆放着香炉，两边则放两只青花瓷瓶，香炉和花瓶上都装饰有阿拉伯文字或波斯文字和花纹图案，即所谓“炉瓶三设”，这是回族家庭中典型的陈设，具有鲜明的回族特色。

阿拉伯文挂盘，这也是回族家庭中最具特色的装饰，通常也叫“都阿宜”[5]，多为铜质和瓷质，内容以太思米和清真言为主，在一些地方，“都阿宜”还是回族家庭的标志，主人将“都阿宜”张贴或悬挂在门楣上，表示自己是穆斯林。

汤瓶是回族穆斯林家庭特有的且非常重要的日用洗脸洗手和小净的器具。汤瓶类似水壶，鼓腹弯流，以铜、铁、搪瓷和塑料为材料，通高30～40厘米，放在客厅或卧室，内装清水，可以随时使用。汤瓶还常常放在回族穆斯林饭馆里，以供顾客洗手使用。同时，汤瓶还是回族穆斯林饭馆、摊点、食品店所挂的标志性招牌，这个图案是穆斯林食品的特有标志，与“清真”招牌具有同样的功用。

吊罐是回族家庭数百年来用以洗大净的沐浴用具，是回族家庭内居室中区别于非穆斯林家庭最具特色的用品。一般底部有一小孔，盛水时以木塞塞孔，木塞用绳连在耳部，淋浴时将木塞拔下，水自流出。穆斯林净身、净手皆用“活水”，即水边流边走，故洗大净必用吊罐或吊桶。回族是个喜爱清洁的民族，一日五次礼拜，少不了洗大净，即便是在缺水少雨的西北黄土高原，每个回族家庭都装有吊罐，质地主要有陶、铜和铁，因其形状类似普通的水罐和水桶，故又称之为吊桶。

盖碗子，一般由托、碗、盖组成，碗内外壁装饰有彩绘八吉祥、草木、花卉、星月图案和“御赐”、“福寿”等汉字及阿拉伯字样。宁夏回族的饮茶习俗非常独特，所谓“回回三件宝，汤瓶、白帽、盖碗茶”。盖碗茶，俗称盖盅子，甘肃、青海回族称“三炮台”，宁夏称“刮盅子”，其特色主要表现在用茶配料上，一般有白糖绿茶、冰糖砖茶、红糖砖茶、八宝茶等，常见的八宝茶由绿茶、白糖、冰糖、红枣、沙枣、桂圆、枸杞、芝麻、葡萄干等配成。回族人喝盖碗茶，要左手拿托盏，右手拿碗盖，用盖子轻轻将浮茶推到一边，即为“刮”，“刮”一下，喝一口，慢慢品酌。

宁夏回族的服饰主要表现在头饰方面。男子戴无檐白帽，也被称做“回回帽”、“礼拜帽”，其颜色和质地因季节的变化而有所不同。回族妇女喜戴盖头（亦称搭盖头）和白色圆形撮口帽，一般根据个人的年龄和婚姻状况，盖头有颜色区分，老年人戴白色盖头，显得虔诚古朴、干净持重；中年人戴黑盖头，显得肃穆庄重、素雅端庄；青年人或未婚女孩则戴绿盖头（绿色为吉祥色），显得清新秀丽。

回族民间乐器口弦，也称“口儿”、“口琴”，是宁夏回族妇女所喜欢的一种乐器，长久以来，一直流传于宁夏南部回族聚居区。口弦主要有两种不同的质地：一种是竹制，长约10厘米，放在口边扯线弹奏；另一种为铁制，放在口边拨钩弹奏，通过口形、气息的变化，发出内外颤动的各种不同音阶，音色清脆悦耳，余音缭绕不绝。回族年轻妇女一般都随身带有心爱的口弦，口弦顶端往往系有色彩缤纷的丝穗和五色珠子。“牛头埙”，是宁夏回族男青年中较为流行的吹奏乐器，又叫做“泥哇呜”或“泥箫”，质地有陶和瓷两种，形状各异，有牛头形、蝴蝶形，还有圆形等，音调低沉婉转。

回族是一个信仰伊斯兰教的民族，由于伊斯兰文化对于造型艺术共同遵守着一条禁律：不供奉偶像，也不用动物图形装饰，所以，在回族穆斯林传统工艺装饰上，主要以几何图形、植物花纹、阿拉伯书法及其变形体等为内容，图案简洁中富有变化，华贵中显露出古朴风韵，既美观，又大方，表现出回族造型与装饰的高度统一性和艺术性。在清真寺或民居的建筑装饰中，这些装饰原则和技法得到普遍的遵循和应用。

由此可见，宁夏回族民俗文物，不仅体现了回族的宗教信仰、生活习惯以及爱清洁、爱美的天性，而且反映了回族文化中审美艺术的特点。深入研究回族文化的地域特色，探讨其原因并正确认识和科学研究回族文化，对于弘扬和发展多元一体的中华文化具有非常重要的现实意义。

注释：

［1］清真言：阿拉伯语لا اله الا الله محمد رسول الله的意译，意为“万物非主，唯有真主，穆罕默德是真主的使者”。

［2］太思米：阿拉伯语بسم الله الرحمن الرحيم的意译，意为“奉至仁至慈的真主之名”。

［3］《中阿文化的喜果　民族艺术的奇葩》—论中国阿拉伯书法的风格（上），《开拓》2002年3、4期合刊。

［4］顾颉刚：《西北考察日记》，甘肃人民出版社，2002年。

［5］都阿宜，阿拉伯文的音译，意为“祈求”、“祈祷”，是穆斯林用心灵祈求真主的一种方式。

宁夏回族民俗概览

李海东　王根明

宁夏是全国最大的回族聚居区，有着“塞上回乡”和“中国穆斯林省”的美誉。回族在这块土地上生生不息已有上千年的历史，积淀下了丰厚的历史和文化遗产，其中又以其民俗文化独具魅力。宁夏回族独特的民风民俗，多姿多彩的文化生活，构成了塞上山川最亮丽的一道风景线。

回族文化是阿拉伯-伊斯兰文化植根于中国，与中国传统文化融合的结晶。这种多元文化的特征在它的主体——回族民俗文化中表现得尤为集中和具体。回族民俗文化的内涵十分丰富，它涉及到回族物质、精神层面的诸多领域，反映了回族的审美标准和价值取向。蕴涵于宁夏回族中的风俗习惯，既代表着回族民俗文化中的共性，又体现出了浓厚的地域性特征，为我们揭示了回族精神世界的底蕴。以下择要对宁夏回族在宗教信仰、节日、语言、禁忌、饮食、服饰、礼仪、游艺等方面的一些习俗内容作一概述。

一、宗教信仰

回族全民信仰伊斯兰教。伊斯兰教对回族的形成和发展有着深刻的影响。对于回族来讲，伊斯兰教不仅是一种宗教信仰，一种意识形态，而且是一种行为方式，与日常生活、社会交往有着密切的关系。

回族在日常口语中称伊斯兰教为“伊斯俩目教门”或简称“教门”。回族群众习惯上又把回民称为“穆斯林”，穆斯林是阿拉伯语مسلم的音译，意为信仰伊斯兰教的人。把对伊斯兰教的信仰称为“伊玛尼”（阿拉伯语ايمان的音译，意为信仰）。凡是信仰伊斯兰教并认真履行宗教功课者，就被认为“有伊玛尼”，回民中有“九九盼雪，伏伏盼雨，回回盼有伊玛尼”的谚语，说明伊玛尼对回族人的重要性。

回族穆斯林的基本宗教信仰源自《古兰经》，回族穆斯林有六大基本信仰，简称“六信”。

（1）信真主

信真主（真主又称为安拉，安拉呼，是阿拉伯语الله的音译，回族意译为真主）是六大信仰的核心。即相信真主是宇宙万物的创造者、调养者和唯一的主宰。真主具有一切优美的德性，至知、至能、至真、至美。回族又将这一信仰称为“认主独一”，宁夏回族中有些穆斯林喜欢以伸出右手食指来表示，若问及什么是你的伊玛尼（信仰）时，他们多以起食指作为回答。有些回族群众在发誓时，也伸出食指，意为“凭着伊玛尼起誓、对主发誓”；遇到喜事或不可预见的事情时，喜欢说：“托靠主”；对那些遇事怨天忧人，不遵教规者的开导，常喜欢说：“不要胡说，失了托靠”；遇到不知、不可预见的事情时，常说“安拉至知”（即真主最知道）。

（2）信天使

回族穆斯林认为真主用光创造了诸天使，并执行真主的命令。天使的数目很多，职责也各不相同，有管天堂的，有管风雨的，有管人死亡的。回族群众认为，真主造化一个人，就有两位天使监督，人的两肩各有一位天使，一个记录善行，一个记录恶行。回族信天使但不崇拜天使。

（3）信经典

即信仰真主降示给世人的一切经典，并认为所有的经典都是真实的，是源自于真主的，是真主在不同时期通过不同的使者而降示给世人的启示。如降给穆萨的《讨拉特》，降给尔萨的《引支勒》，降给达吾德的《宰卜尔》，降给先知穆罕默德的《古兰经》等，总共有104部之多。同时，回族穆斯林认为，《古兰经》以前的所有经典因为时间久远，原文多已遗失，存世的又多被人为地删改，只有《古兰经》原文最完整全美，因此，《古兰经》便成为回族穆斯林信仰的根本，一切行为的准则。《古兰经》共114章6236节（回族民间常说有6666节），是先知穆罕默德在传教23年间受到的真主的启示。回族在诵读《古兰经》时，讲究必须身上有水，即洗过大、小净，必须庄重、严肃、诚信。

（4）信使者

回族穆斯林认为使者受真主派遣，引导人们“皈依正道”。其中最著名的有：阿丹、努哈、易卜拉欣、穆萨、尔撒和穆罕默德。回族穆斯林认为，穆罕默德是真主向人间派遣的最后一位使者，是封印的圣人，是最伟大的先知。还认为，穆罕默德不是神而是人，严禁将穆罕默德神化。

（5）信复生

又称作信后世。认为整个宇宙及其一切生命，终究有一天会全部毁灭，届时，真主会让所有在今世生活过的人都重新复活，接受真主的审判，行善者将进天堂，作恶者将入火狱。

（6）信前定

又称作信定然。回族穆斯林认为每个人的福寿、贫贱、美丑都是由真主早已安排好了的。回族穆斯林遇事常说“造来的”，“主的拨派”，“主的定然”，但同时又认为，“前定如大海，自由如小舟”，人们完全可以用自己的理智判断善恶是非，从而弃恶扬善，端正自己的信仰，支配自己的行为，并对自己的行为负责。回族的“两世吉庆”的观念，即来自“信前定”等伊斯兰教“两世幸福”的学说。回族认为，人们应当追求来世的幸福，同时也要重视对现世幸福的追求，这样才能获得“两世吉庆”。

回族信仰伊斯兰教的行为实践是履行五大天命功课，简称“五功”，即：念功（الشهادتان）、礼功（الصلاة）、斋功（الصوم）、课功（الزكاة）、朝功（الحج）。在日常生活中，回族穆斯林群众简称为念、礼、斋、课、朝，并认为五功是从身、心、性、命、财五个方面对穆斯林的一种全面的修炼，故有“身有礼功，心有念功，性有斋功，命有朝功，财有课功”之说。

（1）念

是对信仰的表白，为五功之首。回族穆斯林无论男女老少，都要学会念诵“清真言”、“作证词”及一切赞颂真主的赞词，而念作证词和清真言是最基本也是最简便易行的赞词。作证词又叫作证言，为阿拉伯语“凯里麦·舍哈德”的意译，是信仰真主和先知的自我作证词，要求穆斯林内心诚信并通过口头表白："我作证：万物非主，唯有真主；我又作证：穆罕默德是真主的使者。"清真言的音译为："俩一俩哈，印兰拉乎，穆罕麦都，热苏龙拉黑。"其大意汉译后被回族穆斯林用16字予以概括，即"万物非主，唯有真主，穆罕默德，真主使者"。

（2）礼

即礼拜，又称为拜功，阿拉伯语叫"الصلاة索俩特"，波斯语叫"نماز乃玛孜"，是回族穆斯林面向西方（麦加在中国的西方）诵经、祈祷、跪拜等一整套宗教仪式的总称。回族穆斯林的礼拜，主要表现为一日五次的日常礼拜，即回族群众所说的"一天五番'乃玛孜'不撇"。按波斯语的音译，这五时礼拜分别叫作："邦布达"（晨礼）、"撇什尼"（晌礼）、"迪格尔"（晡礼）、"沙目"（昏礼）、"虎夫坦"（宵礼）。另外每逢星期五有一次聚礼，又叫主麻日聚礼，每年开斋节、古尔邦节都有会礼。一日五次的礼拜妇女一般在家中或"女寺"中进行，男子一般在清真寺进行。聚礼和会礼男子必须在清真寺里进行。

（3）斋

即斋戒，回族穆斯林称斋戒为"封斋"或"把斋"，每年伊斯兰教历的九月，回族称为"莱麦丹月"，成年穆斯林男女都要斋戒一个月，每日从天将破晓至日落时禁止饮食，不吃不喝，斋月里还禁止行房事，戒除一切邪念、杂欲。以纯洁心灵，磨炼意志和身体，一心向主。但患疾病者、途中的旅人、老弱体虚者、孕妇、哺乳期的妇女、神志不正常者以及未成年的儿童等可以不封斋（但有的要补斋）。在斋月前一个月的初一到十五，宁夏一些回族家庭还要"念夜"，即请阿訇到家中念经，到了斋月二十七日这天晚上还要"坐夜"，回族称为"盖德尔夜"，意为高贵之夜。回族把这一天看作是一个贵重的日子，故这一天夜间多做礼拜、念经以祈求真主的饶恕。一个月的斋戒结束后，便是开斋节。

（4）课

回族称作"则卡提"（又译作"扎卡特"，阿拉伯语音译，意为天课），课功又称作纳天课、济贫税。通过交纳天课可使自己的财产更为洁净。回族穆斯林家庭到了每年的年末，要将所有的资产清算一下，除自己生活必需的正常开支外，其余盈利的财物，均按比例交纳天课。这些钱物可以散给贫穷者和无依无靠者，也可以用于社会公益事业。

（5）朝

即朝觐，回族穆斯林又称为"朝罕志"（罕志，阿拉伯语الحج的音译，意为朝觐）。伊斯兰教规定，每一个穆斯林在身体健康、经济条件允许、路途平安的情况下，一生必须赴沙特阿拉伯的麦加朝觐一次。朝功是穆斯林朝觐麦加克尔白天房的一系列宗教礼仪活动的总称，完成朝觐功课的穆斯林可获得"الحاج哈吉（或哈志）"的称号。朝觐的时间在伊斯兰教历十二月八日到十二日之间进行，称为"正朝"或"大朝"。正朝之外的其他时间前往朝觐的，称为"副朝"或者"小朝"。过去，由于地理及经济条件的限制，回族穆斯林能够朝觐者人数极少。近年来，随着生活水平的提高，申请朝觐的回族穆斯林逐年增加。对于朝功，由于路途遥远，花费较大，所以一般回族穆斯林群众认为，如果身体和经济条件允许，应当完成朝觐。如无条件到麦加朝觐，只要一心认主，身体力行地谨守念功、礼功、斋功、课功，同样是一个合格的穆斯林。

二、节日习俗

回族有三大节日，即开斋节、古尔邦节、圣纪节，除此之外，还有小的节日和纪念日，如法图麦节、登霄节、阿舒拉节等。回族的节日以伊斯兰教历日期为准，伊斯兰教历每年约比公历少10日21小时1分。因此，回族的节日每年大约提前11天。出现在公历的不同时间。

（1）开斋节

是阿拉伯语 عيد الفطر（尔德·菲图尔）的意译，宁夏回族称为“小尔德”，在伊斯兰教历的十月一日。伊斯兰教历的九月是回族的斋月，回族群众习惯称之为“莱麦丹月”。据传真主在这个月颁降了《古兰经》，回族视斋月为最尊贵的月份。斋月期满，就是回族一年一度最隆重的节日之一开斋节。

开斋节的一大早，回回人家家户户就忙了起来，打扫庭院，沐浴净身，男女老少换上洁净的衣服。节日的清真寺也是干干净净，布置一新，有的清真寺还张贴或悬挂用中、阿两种文字书写的标语。上午太阳出来之后，除妇女一般留在家中准备节日食品，如炸油香、馓子、花花（做成各种各样的油炸面食），抓盖碗茶等外，成年男人们从四面八方汇集到清真寺，首先自愿出散“菲图尔”（即开斋节乜帖）钱，用于施济贫困者，或捐赠给清真寺。之后，进入寺内参加会礼。这种会礼规模庞大，形式庄严，气氛隆重，在宁夏一些大的清真寺参加会礼的回民能达万人之多。会礼结束，众人先向阿訇致“色俩目”（阿拉伯语，问候之意），再互致“色俩目”，道安庆贺。然后纷纷请上阿訇，给已故的亲人“走坟”、念“苏勒”（阿拉伯语，指《古兰经》经文），为亡人祈祷。走过坟，开始访亲探友，互相拜访，互相馈赠节日食品，恭贺节日。

（2）古尔邦节

是阿拉伯语 عيد القربان“尔德·古尔巴尼”的音译。“尔德”译为节日，“古尔巴尼”意为献牲、牺牲；阿拉伯语又称为 عيد الاضحي“尔德·艾祖哈”，“艾祖哈”意为“宰牲”。两种表述意义完全相同。宁夏回族又叫“大尔德”、“宰牲节”、“忠孝节”。

伊斯兰教规定每年教历的十二月上旬，有条件的穆斯林要到沙特阿拉伯的麦加朝觐，朝觐活动的最后3天（即十二月十日至十二日），开始举行庆祝活动。相传伊斯兰教的先知易布拉欣夜间做梦受真主的启示，命他将爱子伊斯玛仪献牲，以考验他对真主的忠诚，伊斯玛仪听从父命，甘为真主献身。正当易布拉欣执刀宰向爱子时，真主派天使送来一只黑头白羊，代替了伊斯玛仪。这就是古尔邦节宰牲的来历。

宁夏回族古尔邦节一般过三天（即伊斯兰教历十二月十日至十二日），城市回族因政府放假一般只过第一天。节日这天，除清扫房舍院落，炸油香馓子，沐浴净身，成年男子到清真寺参加会礼，给亡故的亲人走坟之外，古尔邦节最隆重的典礼是举行宰牲仪式，请阿訇或“有尔林的人”（具备一定的宗教知识并会念《古兰经》的人）到家中来宰牲。一般经济条件较好的家庭，每年轮流给家中成员许牲，一般一人许一只羊，或者7人合许一头牛或一峰骆驼。宰牲也有许多讲究，所宰之牲须体形健壮，不宰眼瞎、腿瘸、耳聋、少尾等残疾的牲畜，不宰不满两周岁的羔羊和不满三岁的牛犊、骆驼。宰牲前必须高声念诵“太思米”前半部分和“太克比热”（阿拉伯语的音译，即念诵“真主至大”），在诵念中下刀。所宰之牲，一般分成三份：一份自食；一份馈赠亲友或为教门（如送到清真寺）舍散；一份济贫施舍。牲畜的皮子一般舍散给清真寺或贫穷的人。

（3）圣纪节

是阿拉伯语 مولد النبي صلي الله عليه و سلم “毛利德·乃丙仪”的意译，为先知诞辰。伊斯兰教历十一年三月十二日（632年6月8日），是伊斯兰教先知穆罕默德的归真日。相传，他的生日是571年古阿拉伯象历的三月十二日，回族便把教历三月十二日这天作为“圣纪”之日。

圣纪节主要在清真寺里过。节日的清真寺挂出横幅，一般用中、阿两种文字书写纪念穆罕默德圣人的内容。回族群众自愿捐赠粮、油、肉和钱物等给清真寺并自发炸油香、煮肉、做菜等，在清真寺大殿里诵经、赞圣，聆听阿訇宣讲穆罕默德的生平业绩、美德懿行。纪念仪式结束后，开始会餐。条件好的清真寺，摆上十几桌乃至几十桌饭菜，大家欢聚一堂，共进膳宴；有的清真寺则将煮熟的牛羊肉和油香分成一份一份的份子，分送本坊的穆斯林群众，每户一份，又叫作“吃份饭”，回民又称作“份碗子”。回族过圣纪节的特点是众人赞圣，众人捐散，众人聚餐，体现了回族人民团结友爱的精神。

三、语言文字习俗

回族由于历史上的多种原因，时至今日基本上都使用汉语言文字，但这并不能说明回族完全没有自己的语言和文字。回族语言文字的特点：一是大量阿拉伯语、波斯语等外来语言文字的使用；二是独特含义的宗教、生活用语的使用；三是若干方言土语的使用。以上构成了回族语言文字的显著特点。回族内部客观存在并使用的这些语言文字，与其生活、信仰、民俗等密切相关，经久不衰，显示了强大的民族凝聚力。

早在唐、宋时期，从波斯、阿拉伯、中亚等国来华贸易的穆斯林商人，生活在广州、泉州、扬州、杭州、长安等地，也将自己原来的波斯语、阿拉伯语等语言自然带入了中国。直到元末明初，虽有一些上层回族人士，为了仕进，学习汉语，但在整个回族内部，主要还是使用阿拉伯语和波斯语。从明代后期至清代，因交往的需要，回族学习汉语的越来越多，逐渐地，汉语成为了回族的共同语。但由于民族历史及宗教信仰的特殊原因，大量阿拉伯语、波斯语依然在回族内部流传使用。

明中叶以后，一些回族穆斯林学者立志经堂教育，招收学生，讲授经典，这一活动很快在全国回族聚居区得到推广和发展。回族的经堂教育，主要用汉语来讲授阿拉伯文和波斯文经典。后来形成了具有民族特色的“经堂语”。 经堂语的主要特点是大量使用阿拉伯语、波斯语词汇及一些汉语专用词汇。如“伊斯俩目”（伊斯兰教）、“乃麻孜”（礼拜）、“多斯提”（朋友）、“朝罕志”（朝觐）、“归真”（逝世）等。随着经堂教育的发展，回族民间又以阿拉伯、波斯语言文字为基础，结合汉语发音创制了一种特别的文字“小儿锦”并广泛应用。经堂语和“小儿锦”在回族中代代相传，保留至今。

宁夏回族除使用经堂语和一些习惯专用语以外，在群众当中还孕藏、流传着大量生动、且具有回族鲜明特色的谚语和歇后语。如：“十个回回九姓马，一个不姓纳就姓哈”、“回回两把刀：一把卖羊肉，一把卖切糕”等。宁夏回族在日常语言表达上，还习惯使用当地方言，并大量使用语气词和带有感情色彩的叹词，如咧、者、哩、呢、了等。

四、禁忌习俗

受伊斯兰教的影响，回族在宗教信仰、日常饮食、语言和行为等方面有许多禁忌及习惯，这逐渐也成为了其民族习俗的一部分。

（1）回族饮食禁忌

禁食猪肉是回族最主要的禁忌习俗之一。这一习俗源自伊斯兰教，《古兰经》明确指出：“禁止你们吃自死物、血液、猪肉，以及诵非安拉之名而宰的动物。”

唐宋时期，阿拉伯和波斯的穆斯林到中国经商，把禁食猪肉的习俗也带到了中国，逐步演化为回族的一种风俗习惯。除禁食猪肉外，回族还禁食自死的动物，禁食一切动物的血液，禁食非诵真主之名屠宰的动物。回族讲究“畜食刍”：凡吃草料、反刍、偶蹄、齐齿、性情温顺的畜类均可食用，如牛、羊、骆驼、鹿等，而禁食马、骡、驴等不反刍、奇蹄动物。狗、猫、熊、狼、虎等兽，因为凶猛、食肉、锯牙、利爪攫食均属禁食之列。在穴居动物中只可食兔，因为它食草。“禽食谷”：以谷类为食的家禽或飞鸟，有嗉囊、性情温和的才可食用，如鸡、鸭、鹅、鸽、鹌鹑等。而勾喙、利爪、无嗉囊、叫声不祥的猛禽如鹰、隼、鹞类也属禁食。宁夏同心县及周边县市的回族一般不多吃鸽子肉，传说鸽子曾保护过先知穆罕默德，所以当地回族当中有“吃鸽子要用金刀来宰”的说法。“可食鱼”。回族对食用水生动物也有讲究，不吃形状不端的蚧、蟹、鲨、鲸、鳖等，只吃有头有尾、有鳃有刺、腹下有鳍、身上有鳞的如鲤、鲫、草、鲢等鱼。两栖类的蛙，爬行类的蛇、龟等，回族也不食用。

回族对可以食用的牛、羊、骆驼、鸡、鸭、鹅、兔等畜禽，也要请阿訇或懂得宰牲规戒的穆斯林来宰，形成了宰牲定制。宰牲前，要有大或小净。宰牛羊时，须用绳子捆绑其两条前腿和一条后腿。并将其摆成头南、尾北、面西的姿势，宰牲时必须先念诵真主名，然后用快刀切断畜禽的食管、血管、气管，待控净血液之后方可剥皮或拔毛，不用滚水烫皮、烫毛。

回族还严格禁酒。《古兰经》中明确规定穆斯林要禁酒。长期以来，回族养成了禁酒的习惯。回族群众认为，酒属麻醉饮品，对身体健康不利，且饮酒易误人生事，所以严格禁止。对孩子从小就进行教育，不许饮酒。回族也不吸烟，认为吸烟是一种损害健康、浪费钱财的行为。由于回族不吸烟、不喝酒，回族中长寿老人颇多。

（2）回族信仰禁忌

回族受伊斯兰教的影响，认为人的命运是真主前定的，所以不信求签、卜卦、算命、看风水等活动。家里忌摆各种人物和动物塑像，墙上也不挂人物、动物画像，偶尔有回民家里放置家人照片或带有动物图案的绘画，但在“念夜”和过“乜帖”时，还要用白纸将人或动物眼睛遮住。

（3）回族语言禁忌

回族的语言禁忌，带有很浓厚的民族情感和宗教、伦理及人文观念。回族语言中禁忌“死”字，而代之以“无常”、“殁了”、“亡故”、“归真”、“完了”或“口唤了”等；禁忌“死人”、“尸体”而代之以阿拉伯语“埋体”。回族语言中也很忌讳“猪”字，还忌讳用“肥”来形容牛羊肉，而是说“壮”；忌讳说“杀牛”、“杀鸡”、“杀羊”，而代之以“宰牛”、“宰鸡”、“宰羊”。

（4）回族其他禁忌

回族还禁止赌博，禁止放高利贷，认为赌博、放高利贷所获之财是不义之财。另外，回族还禁止用食物开玩笑；忌汉民到回民家借餐具；不许男子戴金饰品、穿丝绸服饰、纹身等。

五、饮食习俗

宁夏回族饮食习俗，既包罗历史和文化内涵，又富有民族及地方特色。宁夏回族尤其擅长各种油炸面点，如油香、馓子、麻花、果子、花花等，是欢度“古尔邦节”、“开斋节”等节日时不可或缺的佳品。油香，是回族人对油饼的一种特殊称法，是深受回族喜爱的传统食品。回族对油香很讲究，在炸油香之前，要洗大、小净。宁夏回族的油香，远近闻名。讲究用温开水和面，调入鸡蛋、蜂蜜、清油、香草末等，炸好的油香色泽鲜亮，酥软醇香，美味可口，不仅是回族的传统食品，也被当地许多汉族所喜欢。宁夏回族偏爱并擅长制作面食，无论是切、揪、拉、削，无所不精，素有“宁夏尕妹会切面”之说。宁夏回族面食品种众多，像银川的羊肉臊子面、搓面，吴忠的炒糊粕，同心的炒揪片、拉条子，固原的米蒿子长面等，都很有特色。

宁夏回族尤其喜好各类牛羊肉菜肴。烩羊杂碎，是一种西北地区广为流传的回族风味小吃。羊杂碎一般认为是不登大雅之堂的，然而经过爱清洁、擅饮食的回族人之手，却是别具一格、名闻遐迩。宁夏回族制作羊杂碎，富有经验和传统。羊头、羊蹄用火燎得又黄又亮，心、肝、肠、肚用开水烫洗得干干净净，尤其是灌面肺很讲技术。将羊肺从喉管灌水，反复冲洗直到肺色洁白，再把面糊灌入羊肺中，使其扩张充实。全部洗好后，将羊头、蹄、肠、肚、肝、面肺下入锅中煮熟，捞出切成厚薄均匀的片、丝。烩时，将切好的原料下入煮肉的汤中，调入葱、姜、蒜末等，出锅后撒上香菜末并配上炸好的羊油辣子，即成色、香、味俱全的烩羊杂碎。当你吃上一碗汤鲜肉烂、香味四溢的羊杂碎时，一股热流直通丹田，倍感舒畅。宁夏回族的牛羊肉菜还有像吴忠的手抓羊肉、黄渠桥的爆炒羊羔肉，以及同心、固原的碗蒸羊羔肉等，都很有名。

回族特别喜欢饮茶和用茶待客。宁夏回族的盖碗茶很有名。“油茶奶茶甘露茶，顶不上回回的盖碗茶。”这是汉族同胞夸赞回族盖碗茶的民谚。夏天多以茉莉花茶为主，冬天以陕青茶为主；驱寒和胃喝红糖砖茶，清积化食喝白糖清茶，清热泻火喝冰糖窝窝茶。最有代表性的要数“八宝盖碗茶”。它能提气补虚，强身健胃。盖碗内泡有茶叶、冰糖、枸杞、核桃仁、芝麻、红枣、桂圆、葡萄干（或苹果干）等。揭开盖碗盅子香气扑鼻，喝一口清甜爽心。宁夏南部山区的回族还喜欢喝一种“罐罐茶”。用一种特制带把的铁罐或铜罐，放入砖茶，浸入水，小火文煮，其茶色浓褐，味道苦涩。此茶可多次续水，饮茶时，众人围坐炉前，每人倒一小杯，细品慢饮，边喝边聊，解渴解乏，别有滋味。

六、服饰习俗

服饰是一个民族社会意识的反映，回族对于服饰的审美标准体现着宗教内涵和民族气质。回族服饰最大特点是淳朴至美，比较朴素、简洁、内敛、安娴，追求一种周正雅致的美感。

宁夏回族把服饰通常称为“衣着”、“穿戴”。回族服饰的主要标志在头部。回族男子，喜戴一种无檐小白帽，这是回族的标志。宁夏回族白帽的样式也很多，有的是纯色，也有很多带伊斯兰风格花边或图案。因教派和地区不同，有戴小圆白帽的，有戴白色和黑色圆边六角尖顶帽的。六瓣表示坚信六大信仰，帽圆表示万教归一，帽顶表示真主独一无二。回族除了戴白帽外，也有用白、黄色头巾或布料缠头，称“戴斯达尔”（波斯语，意为缠头巾），阿訇、满拉和经常上清真寺礼拜的老人多喜欢戴，故俗有“缠头回回”之称。

宁夏回族男子尤喜好穿坎肩。由于回族做礼拜前要洗大、小净，穿上坎肩，挽起袖子洗手洗脸尤为方便。春夏在白衬衫外套一件绣有植物花卉图案的青坎肩，美观大方，清新悦目，显得文雅庄重。秋冬穿棉坎肩或皮坎肩。另外还有穿长衫的，又叫“准白”，意即“袍子”。这是回族阿訇、满拉和老人喜爱的服装，穿“准白”参加礼拜更显得庄重肃穆。

宁夏回族妇女一般都头戴白色圆撮口帽，搭盖头。盖头有少女、已婚妇女、老人之分。一般少女戴绿色的，嵌金边，上绣素雅花草图案；已婚妇女戴黑色的，只披到肩头；上了年纪的老年妇女戴白色的，披到背心处。回族妇女一般都穿大襟衣服。少女和媳妇很喜欢在衣服上嵌线、镶色、滚边、绣花，而且喜欢佩戴金银手镯、耳环、戒指，显得清新秀丽。

七、礼仪习俗

回族的礼仪习俗包括人生礼仪和生活礼节两大部分。人生礼仪，主要是从生到死之间的若干重大阶段的礼仪，如命名礼、割礼、婚礼、葬礼等。在日常生活中，宁夏回族也有着许多本民族的礼仪习俗。

（1）命名礼

宁夏回族在婴儿诞生后3天或7天，须请阿訇为婴儿取名，即起“经名”，也叫“回回名”。由阿訇对着小孩的右耳低念“班克”，即在清真寺宣礼塔上召唤教民上寺礼拜的唤礼词。再对着小孩的左耳念“尕麦体”，即回民汇聚到清真寺大殿内准备礼拜的入拜词。念唤礼词意谓着把婴儿从清真寺外召唤到清真寺之内，成为一名真正的穆斯林。之后，阿訇从伊斯兰教众多的先贤中选出一个美名，用汉字和阿拉伯文两种文字写在纸上。男孩一般取名为“尔撒”、“努哈”、“尤素夫”等。女孩一般取名为“阿依莎”、“法图麦”、“赛里麦”等。此外，还有其他取名法。如婴儿出生在斋月，就取名“莱麦丹”；出生在星期五这天取名“主麻”等。孩子的正式姓名，宁夏回族又叫做“大名”、“官名”或“学名”。有的将经名与姓名相结合，也有一直用回回名的。请阿訇给孩子取经名这一天，条件好的家庭要宰羊，一般也要炸油香、馓子等分送亲戚朋友、左邻右舍，以示庆贺。

（2）割礼

割礼，阿拉伯语“海特乃”的意译。回族俗称作“逊乃提”，也叫“割礼”或“成丁礼”。伊斯兰教规定男孩满12岁，就开始履行承担宗教义务。宁夏回族男童在5～10岁实行割礼，即割除包皮。回族男孩的割礼，过去都是由专门的宗教人员（称其为“逊乃巴巴”）施行，随着医学的发展，现在一般都把小孩送到当地医院进行手术。这样既安全，又便捷。宁夏回族对割礼非常讲究，当天小孩要穿新衣，戴礼拜帽（小白帽），家里一般要宰羊、炸油香。请阿訇念经，过“尔麦里”，以示庆贺。

（3）日常礼俗

俗说话“回回见面三分亲”。回族无论男女老少，他们见面相互问候时，通用一种见面语，也叫祝安词。即说“安色俩目尔来坤”，简称为说“色俩目”，意为祈求真主赐给您平安吉庆，相当于汉语里的“您好”。回答为：“卧尔来库门色俩目”，意为真主也赐您平安吉庆。这一礼俗文化，源于阿拉伯，在回族中普遍流行，并已把它看成是正常的问候语。回族在相互说“色俩目”时，同时还握手（男女之间致“色俩目”时不握手），表示从内心敬重对方，衷心地祝愿。回族反对说“色俩目”时不庄重，如摇头晃脑、嘻嘻哈哈等。晚辈见了长辈不致“色俩目”，被视为一种没礼貌的行为，会遭到众人的轻视。对于听到别人致“色俩目”而不回“色俩目”的，被视为高傲不礼貌的行为，也会遭到众人的耻笑。

宁夏回族待人诚实质朴，热情好客，有礼有节。家里来了客人，为之沏上回族的盖碗茶，端上油香、水果、干果等招待。一般不问客人“你喝茶不”、“你吃饭了没有”。饭菜做好上桌以后，主人先说一声“请口到”。回族同客人谈话时，不左顾右盼，谈话中注意细听别人的言语。

送客时，再三挽留送出大门。回族众人同桌聚餐时，先谦让年长者入座，等长者动筷子以后，其他人再动；吃饭时，不说污言秽语，不贬嫌食物，不在碗里乱吹乱搅；吃油香、烙饼、馍馍时，不拿在手里咬着吃，而要用手掰着吃；饮茶时，不大口接连吞咽，要慢慢吮饮。回族还非常注意并尊重他人的自尊感，不称呼别人的外号。端举食物或者倒茶，主要用右手。回民说这是遵“圣行”。

回族探亲访友，不能冒昧闯入，到人家做客，不能从人前头过，未经允许，不随便拿动别人东西。回族人探亲访友以送羊肉为最常见，也最显厚道。20世纪80年代以来，多为送一只后腿，称作“一件子肉”。借别人东西，要记在心里及时归还。生活中忌用左手递物品，忌用左手散乜帖（施舍钱、物、食品等）。回族人交往，非常讲究信义，即回族人常说的“口唤”（经堂语，这里指允准、约定），没有口唤（未经许可）的事不能做。

回族的家庭礼仪，以伊斯兰教的“五典”，即父子之道、夫妇之道、君臣之道、兄弟之道、朋友之道为基础，久而久之，形成了自己的礼仪习俗。

回族非常重视子女的孝顺之道。《圣训》中说：“天堂在母亲的脚下”，孝顺父母既是“尽人道”，又是“尽天道”。在回民聚居的农村，儿女与父母住在一起，每日早晚必须到父母面前问吃问喝，给父母端茶端饭必须用双手。在父母面前，不可唉声叹气或夸夸其谈，对父母不能隐瞒私情。如父母有病，虽远在天涯，也必须及时赶回侍奉。父母老迈时，儿女不能远行。出远门时，要向父母要（或讨）“口唤”（即同意），征得父母允许。回民一般不过生日，没有寿礼。父母一旦病重，全家晚辈跪在床前念《古兰经》作“讨白”（忏悔）。父母去世后，为父母干“尔麦里”（善功），“散乜帖”，为父母赎罪，求真主恕饶。

回族夫妻之间，敬爱有礼。伊斯兰教认为，夫妻是人道的开始，无夫妻则无父子兄弟，无家庭则无国家。按照回民习俗，要求钱财必须取之有道，用之有度。夫妻之间，应相敬如宾，保持家庭和睦。不可轻易说“休妻”、“离婚”，连说三遍婚姻无效。有子女后，从给他（她）起一个美好的名字到供养衣食、上学、教育，到男婚女嫁，都必须承担起为人父母的责任。

八、婚俗

宁夏回族基本上实行族内婚，也叫回回婚，即在回族穆斯林之间通婚。婚礼，是回族中的大礼。回族对婚礼特别重视和讲究，做父母的都必须为子女完婚，称为“卸担子”。回族婚俗具有浓厚的民族文化特色和宗教内涵。因教派不同、地域差别，宁夏各地回族婚姻习俗不尽一致，并且随着社会进步而发展变化。传统的宁夏回族婚俗主要有提亲、看家道、“说色俩目”、娶亲等程序。

（1）提亲

宁夏回族当中有句俗话：“一家女儿百家求。”提亲一般都是男方家通过各种途径看准女方家的姑娘后，请媒人去提亲。提亲时，要带上茶、糖等四色礼，介绍男方的个人、家庭、教门状况等。女方家按惯例对媒人回答一般是“考虑考虑”，不给明确的答复，如果认为男方条件根本不够或男女双方不般配，第一次就会回绝。若给了“考虑”，则说明此事可以商量。

（2）看家道

女方家若有意，为加深了解，也会请媒人到男方家去，了解有关情况，这叫“看家道”。并由媒人安排姑娘、小伙子初步见面了解。如双方有意，之后男方家便请上阿訇、媒人去女方家“要话”，并让男女青年正式见面，以进一步互相了解。小伙子此时给姑娘见面钱，同意就接受，不同意则不接受。现在有些回族青年男女互相早已认识，彼此也了解，但是还要请媒人给双方家庭说明情况。回民择偶不合八字，只要双方明确表示同意，则要尽快准备“说色俩目”。

（3）说“色俩目”

宁夏有些地方的回族也叫“道喜”或“定茶”，过去又叫“提盒子”。男方家准备糖、茶、干果等，分别包成10～20个一斤左右的小包，每个小包上放一条红纸，表示是喜庆的事。另外，还给姑娘准备2～3套合体、漂亮的衣服，宰好的羯羊一只。道喜这天，男方要请阿訇和家中最主要的长辈亲戚到女方家，女方家一般也要请阿訇到家热情迎客，叫“接盒子”或叫“接封子”。双方互道“色俩目”，然后入堂就座，双方阿訇诵读《古兰经》经文，结合两家情况，讲述攀亲结缘的贵重意义，众人在下静听。诵经完毕，众人接“都阿宜”，即当阿訇诵经将结束时，众人抬起手掌，掌心向上，置于脸的前下方，待阿訇念毕祈求词之后，双手在脸上从上到下抹一下，表示祈求并接受了真主的恩泽。接着双方互道“色俩目”贺喜，女方请来宾入席开宴。席间商讨结婚的大致日期，叫“定日子”。至此，这场婚事就算定了下来，无特殊情况，一般不能取消婚约。女方家收了男方家的礼物，同时要回送男方衣物和半只羊。

（4）娶亲

回族娶亲的全过程，带有浓郁的伊斯兰文化氛围。不绝于耳的一声声“色俩目”，一群群头戴白帽的男性和头戴纱巾、盖头的妇女的出现，在告诉人们这是个穆斯林的婚礼，它细腻又有章程的一个个环节，深刻体现了中华文化的一个“礼”字。历经千年的历史长河，两种文化已水乳交融，珠联璧合，难分彼此，使得回族的婚俗拥有了独特的个性和内涵。

（5）添箱

女方家一般提前2～3天，开始过“尔麦里”，宰羊，炸油香、馓子。女方家的亲戚们从四面八方赶来，带着钱物、礼品，为将要新婚的姑娘添满出嫁的箱子。

（6）开脸

结婚当天一早新娘要洗大净，也称“出阁浴”或“离娘水”。并请人“开脸”（即用细线交叉绞去脸上、额前的汗毛）。

（7）催马装

新娘梳妆前，男方还要及时送一身包括外衣、鞋袜、蒙头的红色绸巾或纱巾，这叫“催马装”。

（8）送亲

男方家派出接亲的人带迎亲车到女方家迎亲。女方家请上阿訇、一些亲友一起去送亲，回族也叫吃“宴席”。新娘由一位贤惠的媳妇陪同送亲，意取好彩头。

（9）下马洋

接亲车到门口时，新郎要跑步迎上去，向送

亲的人说“色俩目”，之后，要给新娘车上坐的送亲人给“下马洋”（即下车钱）后，新娘及送亲人才能下车进门。

（10）迎亲

男方家迎亲的人和女方家送亲的人，由双方家所在清真寺的教长带头，按照双方亲戚、来宾的辈份和年龄分别各站成一排，相互道“色俩目”，然后相互礼让，进入大门。

（11）念“尼卡哈”

送亲客人落座后，主人一面安排接待客人，一面请阿訇给新郎新娘念“尼卡哈”：在屋正中设一张方桌，上方坐阿訇，左右坐德高望重者、证婚人和双方男性亲戚等，地下铺上毯子，新郎跪着聆听。阿訇向新郎、证婚人及双方长辈（特别是男方的舅舅）一一询问，是否同意这门婚事，让来宾共同为双方的婚姻作证。然后开始念诵《古兰经》经文，诵经完毕后所有来宾双手捧起接“都阿宜”，感谢真主赐予的良缘。最后阿訇还教导新人：结婚是成人的标志，从此做人应尽种种责任。要遵守“五功”，孝敬父母，互敬互爱，勤俭持家等。最后将早已准备好的核桃、枣子、花生、糖果等撒向来宾，屋外也撒，大人小孩纷纷抢拾喜物。

（12）表针线

又叫“摆针线”、“亮箱”。一般在娶亲当天下午进行，即将男方的彩礼和女方家陪送的嫁妆以及新娘婚前自己亲手做的各种针线活儿全部摆出来，让参加婚礼的宾客观赏。表针线的习俗，最早是为了向众人展示新娘亲手做就的鞋袜、衣帽、枕套、荷包等，让众人欣赏，并请一位能说会道的人向大家夸耀，说明新娘心灵手巧，百里挑一，为新娘长脸。

（13）宴席

回民的婚礼宴席，一般不上烟酒，简单实惠。以馓子、油香及其他油炸食品为主食。配以盖碗茶，炒菜过去为牛、羊、鸡、鱼清炖八大碗，现在为烹、蒸、炒、炸和凉、热、干、汤十八盘、二十盘、二十四盘。农村回族宴席为“流水席”，即上一道，撤一道，随上随吃。宴席中，一般新娘不见来宾，由新郎及其父亲、叔伯等至席间致谢。

（14）认大小

又叫认亲。第二天一大早，新郎、新娘起床洗漱完毕，新媳妇戴上白圆帽或披上盖头，名曰“上头”，标志着已经完婚，为人之妻，大众从此开始亲热地称其为“新姐姐”。新姐姐早饭后在长辈妇女的陪同下，逐户拜访，分认辈份。新姐姐认亲时要长长叫一声，长辈也要高声回应，并回赠一定的“见面钱”，以表心意。

（15）回门

又叫回娘家。婚后第三天，新郎准备好茶糖点心等物陪新娘回娘家看望父母。新女婿到岳父母家，不但要向新娘本家长辈致意，还要到岳父母就近的亲戚家去拜见长辈。

回族婚姻历史上基本都是回回婚。新中国成立以来，在宁夏城镇回族中，也有回汉之间互相通婚的，一般以回族男子娶汉族女子为多。不论回族男娶汉女或回族女嫁汉男，一般情况下汉族一方都要“进教”，以表示尊重回族习俗。所谓进教，即按伊斯兰教教规，到清真寺洗大净，由阿訇为其讲授回族常识和回族风俗。一般宗教意识浓厚的家庭，特别看重进教和进教后的行为，因为据说进教后，若违反回族教规和风俗习惯，被叫做“反教”，那同意这门亲事的阿訇老人家就要“担责任”，去世后将受真主的问责。

九、葬俗

回族认为，生是死的起点，死是生的结果，对于死者，要葬之以礼。回族施行土葬，忌火葬，主张速葬、薄葬，最好当日入土为安，特殊情况不得超过三天。不用棺木，不用任何物品陪葬，不送花圈。如亡在外，宜就地安葬。回族的葬礼，均按伊斯兰教的规定办理，各地大同小异，在长期的发展过程中主要形成了以下几项程序：

（1）念“讨白”

回族人在临终前，要求头北脚南，向右侧卧，面部向西（朝向“天房”），提念清真言和作证词。同时，请阿訇为病人念“讨白”，代其向真主祈祷，祈求真主宽恕其生前的罪过。邻里亲朋与病人如果发生过口角、矛盾，这时要主动向病人说“色俩目”，表示相互谅解。要求周围肃静，禁止哭喊吵闹。除阿訇、至亲、德高望重者以外，其余人免进。

（2）停尸善面

人去世后，从旁守候的阿訇或亲人，为亡人瞑其目，合其口，顺其手足，梳理其须发，称为“善面”。整理好后，将“埋体”（尸体）安放在通风凉爽的正厅干净的木板上，使其头北脚南仰卧，面稍向西，覆盖一条洁净的白布单，亲朋故友来者向家属表示安慰。

（3）着水

即给亡人净身，叫“着水”，或称洗“埋体”。净身无论在清真寺还是在亡人家，都要准备好浴床（干净的木板）、汤瓶、温水、毛巾等。“着水”一般由三人承担，一人专门灌水，一人负责倒水，一人带上手套，双手轻轻洗涤。洗法与洗大净相同，从头至脚，从右到左洗三遍，最后用毛巾擦干净。着水时男不洗女，女不洗男。

（4）穿“卡凡”

“卡凡”，阿拉伯语裹尸布之意，用纯白棉布或纯白布做成，长三丈六尺。回族男性的“卡凡”有三件，女性除以上三件外，还需有裹胸布和包头布（盖头）各一件。给亡人净身后，将“埋体”移到准备好的“卡凡”上，在亡人的七窍及额头、手脚、膝盖等处上撒一些香料、冰片、樟脑等。穿“卡凡”的程序是先小后大，先右后左，层层穿裹好。

（5）转“费达”

“费达”，阿拉伯语音译，意为赎罪。回族成年男女去世后，亡人家属根据家庭经济情况拿出一定数量的货币或其他财物，作为亡人生前所欠的斋功、拜功等功课的赎罪金。赎罪金不论多少，而论心诚与否。其仪式为：前来送葬的宗教人士和亲戚朋友均为成年男性，站成一个大圆圈，点清人数，按亡人年龄及生前所欠功课，根据赎金数，算出大致应转的圈数，然后传递。由亡人之子（无子由外孙）双手捧赎金贴在胸前，心里说：“我虔诚地因为主，给我的父（母）亲求恕饶”，然后口念“太思米”（即以普慈特慈的真主名义），同时将赎金首先捧给阿訇，阿訇接过，贴在心口低念后，再送回。转完费达后，赎金将散给参加站“者那孜”的人，若有余，则留给亡人所属的清真寺。有的教派是用《古兰经》转“费达”。

（6）站“者那孜”

即殡礼，回民称站“者那孜”，是亡人入土前的最后一道仪式。参加殡礼者必须是穆斯林，须大、小净，且均为男性。殡礼由阿訇主持，在墓地或其他平坦干净的地方进行。从宗教意义来说，是生者代死者向真主作最后一次礼拜。将埋体放在西侧，头北足南，阿訇靠近埋体站立，其他参加者脱鞋随后面西排班站立，阿訇率众人按规程礼殡礼拜，为亡人和大众作求祈，之后出“色俩目”，至此殡礼结束。殡礼不在日出前、日正中或日落后进行。

（7）下土

回族人的坟坑为南北走向长方形的竖穴土坑，口大底小，一般深2.2米左右，坟长2米左右，宽0.55米左右。在坑底的西边挖一个与坟坑平行的深洞，长约2米，宽约0.5米，高约0.45米，其形状上面是弓形，下面是平底，即葬“埋体”处。下葬时，阿訇、满拉跪在坟坑上方诵经，亲属跪听。埋体入土前，孝子要下到坟坑里查验是否妥善（也叫“试坟”）。下葬时，埋体要头北脚南，面西仰卧，之后，先用土坯封好小洞口（忌用火烧的砖），然后填土掩埋坟坑。回民的坟墓外形犹如鱼脊形或凸字形，有的在坟墓上压上些土坯或石块，防止风雨侵蚀。

（8）悼念

自入土之日起，三七、四十、百日、周年、三年、十年及亡人生辰忌日都要举行纪念活动，叫“过乜贴”，又叫“干尔麦里”，即善功，为的是纪念、搭救亡人。一般三七、四十、百日、周年规模较大，亡人亲属要宰羊宰鸡、炸油香馓子，请阿訇到家中诵经，到亡人坟前为亡人祈祷，叫“走坟”，又叫“游坟”。其他生辰忌日一般要“抹锅”（即只炸油香或煎烫面油饼），分送清真寺和乡邻。

回族有对为本民族及宗教事业做出过重要贡献的德高望重的知名人士（俗称“老人家”）和先贤举行悼念活动的习俗，一般根据教派不同，逢其生辰和忌日，都要到他们的坟地或拱北（坟墓）举行聚会，宰牛宰羊，集体诵经，为他们祈祷，大干“尔麦里”，表示自己的崇敬之情。

十、游艺习俗

（1）音乐

宁夏回族在长期的生活实践中，创造出了很多具有浓郁民族特点的音乐形式，如口弦、哇呜、咪咪等。这些民间乐器在我国汉族和其他少数民族中已十分少见，但至今却还在我区回族群众当中流行。

口弦，是回族民间自制的一种微型弹拨乐器。弹口弦，是宁夏固原一带回族妇女中常见的一种娱乐形式。口弦，用箭竹为材料，大都长约三寸，中间有簧舌，簧舌上有拉线。娱乐时，将口弦放在嘴边，左手扶口弦，右手拉动簧线，音量的大小由嘴唇的开合决定，凭借有节奏动作，就会演奏出悦耳动听的民间小调。回族民谣对口弦有绘声绘形的描述：“三寸竹片片，两头扯线线；一端衔口中，消愁解麻缠。”还有一种口弦是铁制的，约二寸长，以手拨勾簧，里外颤动，用口腔作共鸣箱并利用口腔的变化，气息的呼出与吸进，来调节声音的变化。成年妇女喜欢弹竹口弦，姑娘们一般喜欢铁口弦。回族妇女们还喜欢在口弦上拴上五颜六色的丝穗子或五彩珠子作为装饰，挂在胸前的纽扣上，成为一种独特点缀。她们用这种简单小巧的乐器，传情达意，弹唱歌谣，丰富文化生活。

哇呜，也是回族民间自制气鸣乐器，又称泥箫、泥娃娃、牛头埙或牛角箫。流行于宁夏回族自治区，尤以海原县一带最为盛行。通体用黄胶泥捏制而成，其形状、大小、音孔数量和位置各不相同。大者与鹅卵近似，小者有如核桃。外形式样有椭圆形、枣形、鱼形、桃形、娃娃头形、牛头形、牛角形、蝶形和扁方形等等。一般在上端正中开吹孔，在前、后开若干音孔。在两侧或底部设有小孔，拴系不同颜色的丝穗或彩珠作为装饰。有的镶嵌本民族艺术图案、线条，雕刻阿拉伯文书法等，具有鲜明的回族文化特征。吹奏时，双手托捧泥哇呜，拇指、中指夹持，口对吹孔送气发音，指法各有不同。小者音色清脆、悠扬，大者音色浑厚、深沉。

咪咪，也是宁夏回族尤其是泾源县一带回族喜闻乐见的一种民间自娱性乐器。咪咪分单管和双管两种，用无名指粗细的竹管自制而成，开有6个音孔，单管酷似笛子，但要竖吹；吹口处置有用嫩树皮制成的发音器，利用薄膜震动发音的原理吹出声音，音色悠扬，用来吹奏“花儿”曲调最为适宜。

口弦、咪咪、哇呜是宁夏回族喜爱的民间自娱性乐器，世代相传，在最流行的时候，有些回族乡村无论是年轻的姑娘还是白发的老人，人手一把小口弦，而回族尕娃、青年则是吹咪咪、哇呜的好手，有句回乡谚语“哇呜唱，庄稼长，咪咪吹，牛羊壮”，正是回乡风俗的生动写照。

西北回族的“花儿”闻名遐迩。其中山花儿（俗称野花儿、山曲子），是流行于宁夏西海固回族聚居区的一种代表性民歌体裁。山花儿音乐特色鲜明，风格独特，乡土气息浓郁，保持了山歌野曲粗犷豪放的特点，又具有优美流畅的小调韵味倾向。在曲调上，有近似信天游和民歌的成份，因此形成了一种特殊的风格。在调式上多用商、徵、角调，有时则是混合调，演唱起来别具一格。“花儿”内容非常广泛，想唱什么就唱什么，唱劳动，唱生活，唱爱情，唱美好的向往。在六盘山下的固原，在黄河灌区的吴忠和自治区首府银川，曾多次举行盛大的“花儿”歌会，参加“花儿”歌会的歌手，大多都是回族农民，他们当中有年过花甲的老歌手，也有年仅十几岁的新秀，他（她）们同台竞艺，很受群众喜爱。

（2）民间艺术

宁夏回族的民间艺术丰富多采，主要有剪纸、刺绣、雕刻、书画等，至今仍在广大农村流行，这些民间艺术品在各种回族传统节日里更显出它的兴盛和魅力。

宁夏回族民间艺术中最有特色的是刺绣。宁夏回族妇女的刺绣品，除作为居室的装饰如桌布、床单、被单外，一般作为出嫁姑娘家的陪物，如四套枕盖、鞋垫、围裙、门帘、盖头、褥面等，从床上的铺盖到身上的穿戴都绣有精美的图案和吉祥的纹样。回族妇女的刺绣图案，受伊斯兰教严禁偶像崇拜的影响，一般没有人物。以花草及抽象的几何图案为常见，花卉纹样多为牡丹、荷花、夹竹桃、鸡冠花、梅花等，有生命的动物则多为蝴蝶、蜜蜂、喜鹊、孔雀、凤凰、鸳鸯等，但也多在周围绣满连续性的花草藤蔓加以点缀。回族妇女还喜欢将《古兰经》的经文绣在布料上，她们请清真寺的阿訇把经文写在洁白的布料上，再由她们一针一线地精心绣出来，然后挂在堂屋的正墙上。回族妇女的刺绣喜欢针脚细密，故显得比较厚重。色彩尚大红大绿，讲究冷暖对照，色彩对比，如红绿对比、蓝白对比等。

回族剪纸多用于婚嫁喜事和服饰裁剪。每逢婚嫁喜庆之际，谁家要娶媳妇或嫁闺女，主人家便早早备好彩纸（以红、绿、蓝为主），远亲近邻的剪纸能手们便应邀而至，有七八十岁的老奶奶，也有十一二岁的小姑娘，在相互逗趣的欢笑声中，各自手持一把剪刀，选择自己喜欢的纸，不摹不仿，放剪直取。剪好后大家互相观摩、传抄、练习，争奇比巧。在回族聚集的泾源县，每当新婚这天，各方亲友、乡邻来贺喜时，除了看嫁妆外，更主要的是来参观这个布置在新房里的剪纸展览，由这些人评出优秀的剪纸能手并广为传颂。办完婚事后，主人家少不了要热情地送一包沾着喜气的食品或日用品，道一声“色俩目”给剪纸能手，以示谢意。回族妇女们为了能保存一件合心的衣服式样，往往便用一张大纸按衣服的实际尺寸剪下来。如衣裤样、鞋帽样、坎肩样、肚兜样等，并互相传抄。受伊斯兰教反对偶像崇拜观念的影响，回族妇女的剪纸，以花草、果类、飞禽及几何图案为主，尽量避免以人物为题材的构图。主要图案有“双鸽戏耍”、“彩蝶纷飞”、“双凤双菊”、“鸳鸯戏水”等。

宁夏回族在居室和清真寺的门窗、梁柱上喜欢进行雕刻装饰。这些木刻的工艺内容多表现圣训和各种体裁的阿文书法艺术，还有几何与花卉图案。其中阿文经字、圣训多为浅浮木雕。配以彩绘，用作寺院或居室的匾额及装饰之用。清真寺的宣讲台尤为讲究，雕饰华丽，顶部多有拱状或穹顶状装饰，有的还敷以彩饰。回族的砖雕有两种做法，一种是“捏活”，即用手和模具先将黏泥捏成各种图案；一种是“刻活”，即先在青砖上用专用的刻刀雕刻成各种浮雕图案和画幅，再块块对接镶嵌在建筑物上，其题材多为山水、花卉等。

回族群众在宗教活动中，有书写阿拉伯文的习惯。这些连绵不断的曲线，从右至左书写，大多为“清真言”或《古兰经》经文的章、节等选段。在清真寺大殿内、四壁墙上、拱门顶上进行张贴、雕刻，显得分外肃穆、庄严。不少回族家庭中也喜欢张贴或悬挂阿拉伯文书法，民族特色非常鲜明。阿拉伯文书法有库法体、三一体、公文体、波斯体等。其中库法体运用较广泛，也最为有名，其字体粗犷有力，自由活泼，常用来写清真寺匾额或墙上的经文，三一体笔画简洁，结构齐整，笔触粗大劲道，多用来书写书名、大标题等。

回族穆斯林的家中，还喜欢挂主要用阿拉伯文字构图的画，回族叫“经字画”。经字画是在阿拉伯文书写规则的基础上，通过书写者的一定构思，采用夸张、变形、分割、连接等手法，使之统一协调于绘画的整体要求，字体点画的粗细长短，笔画的弥合断续，都要规范在预先设计好的图案及造型中。简单的有圆形、方形、云纹形、植物形，复杂的有清真寺的望月楼、清真寺、花瓶、香案、花卉果蔬等。并吸收了中国传统的中堂、横幅、对联、条屏以及题款印章等特点。其书写如同绘画，讲究运笔的轻重缓急、墨色的浓淡干湿，民族艺术特色十分浓郁。

（3）武术

回族有强健、勇武、不畏强暴的民族性格，自古以来就有尚武的习俗。回族将习武作为振奋民族精神、健身、自卫的手段。宁夏回族武术的种类很多，流传于民间的有吴忠、灵武一带的张家枪、何家棍、马家软功和固原等地的“回回十八肘”等。另外，六合拳、梅花棍、母子棍、链枷棍、三尺鞭、花剑、教门弹腿、穆斯林太极拳、汤瓶功等也有流传。民谚有说“从南京到北京，弹腿出在教门中”。祖籍山东的宁夏武术家王新武先生，曾任宁夏武术家协会主席和中国武术家协会副主席，是当代宁夏最有名望的回族武术家之一，武艺高强，功夫深厚，尤其擅长大刀、查拳和擒拿，曾于1975年在第三届全运会上获太极拳冠军。

（4）体育

木球，是回族青少年喜爱的一项体育活动，是从宁夏山区流行的“打篮子”、“打毛球”的民间游戏中发展而来的，具有浓厚的乡土气息。其比赛场地、规则有明确的规定，是一项较成熟的竞技运动，1991年第四届全国少数民族运动会上，木球被正式列入比赛项目。木球是一节粗约10厘米、长约8厘米的木棍，两端削成椭圆形，形同小橄榄球，打起来常易改变方向，需要较高的控制技巧。民间玩时，场地、人数均没有限制。玩法有多种，如打圈扛、刁扛和赶龙等。正式比赛时赛场长约30米，宽20米，有一中线，两头各有一个3米宽、50厘米高的球门，比赛时间为20分钟。比赛开始，双方队员互相行回民传统的左手搭胸鞠躬礼，发球者必须在发球前呼出动作名称，否则被判失误。运动员在球场上奔跑，用一根两尺长的宽头球棍击球，将球打进对方球门就赢得一分，以攻进球门多少计胜负。有趣的是胜方并不得奖，而是由胜方一人在端线用棍将球猛力击出，负方队员齐喊“索儿”数声，一队员从击球点出发，边吆喝边跑向落球点将球拾起跑回，一鼓作气，中间吆喝“索儿”声时不许换气，否则重新受罚。胜方有意折腾负方，每次惨败后跑得上气不接下气的负方球员，也不会善罢干休，总想下次取胜以作报复，是极为有趣的民间体育活动。

方棋，也是深受回族群众喜爱的一种民间体育活动项目，在宁夏南部山区各县农村尤为盛行。此棋下法极为方便，下棋者捡来小砖瓦块、石块或干羊粪作棋子，在田埂地头或墙角房檐下一蹲，在地下画一横7行、竖8行的长方形“棋盘”即可开赛。棋盘中共有56个交叉点，棋子各28粒。交战双方轮流布子，布局完成后，便轮流行棋对奕。在行棋中，某方如能走成4枚棋子彼此相连的正方形（称作“成方”）即可“吃掉”对方任何一个能破坏“成方”的棋子，直到分出胜负。

踏脚，流行于宁夏南部的泾源县，据说起源于唐代，由东来的穆斯林带入中国。其对抗性强，动作幅度大，一般为一人对一人，攻防全靠脚部动作完成，身体各部位都属进攻目标，但严禁有意伤人，其基本动作有平踏、后扫、飞脚等。农闲季节，踏脚者你踏我闪，你攻我守，各显身手，体现出了宁夏回族勇敢、豪放、爽朗的性格特征。

拔腰，是宁夏农村回族青年所喜爱的一项体育运动。青年农民劳动休息时，在田间地头或场园进行拔腰活动。比赛时，俩人侧身弯腰搂抱对方腰部，并使劲将对方抱起，如果有一方将对方的两脚拔离地面，则为获胜。

参考书目：

王正伟著：《回族民俗学》，宁夏人民出版社，2008年。

杨继国主编：《中国民俗大系·宁夏民俗》，甘肃人民出版社，2004年。

杨继国、何克俭主编：《宁夏民俗大观》，宁夏人民出版社，2008年。

第一部分
经典、文献

回族的经典、文献是回族历史文化的重要载体，主要包括：历代回族保存下来的《古兰经》和《圣训》的各种手抄本、木刻本、印刷本、中文译本；阿拉伯文、波斯文论著，如《认主学》、《真境花园》等；汉文著作如五代李珣的《海药本草》、明代马欢的《瀛涯胜揽》、明代王岱舆的《正教真诠》、清代马德新的《朝觐途记》等；以及传承下来的回族碑拓、家谱、手稿、资料等。

《古兰经》是伊斯兰教的根本经典。《圣训》是先知穆罕默德的言行及其所默许的圣门弟子言行的汇集。《古兰经》和《圣训》在回族历史文化教育中极受重视，各种版本的流存亦十分丰富。

《古兰经》自奥斯曼定本以后，很长时期内是以手抄本流传。随着伊斯兰教在唐宋时期传入中国，《古兰经》也开始在我国传播。千百年来，回族穆斯林把抄写《古兰经》作为传承伊斯兰经典文化的重要方式。缮写《古兰经》被视为宗教善行，大量书法优美、装帧精致的《古兰经》被回回人世代保存了下来。

迄今发现的我国回族最早的一部手抄本《古兰经》，现存北京东四清真寺。抄写时间为伊斯兰教历718年（元延祐五年，即1318年）6月，并记录抄经人是穆罕默德·本·艾哈迈德·本·阿卜杜拉赫曼。目前发现的回族手写体经书，时代主要集中在明、清两代。经书手写的主要原因是由于木版和石印刻制工程浩繁所致，其中也包含书写者对阿拉伯文、波斯文书法的表现意欲和对伊斯兰经典的崇敬之情。阿拉伯文、波斯文经书是以硬笔书写，用竹、棕、苇等材料制笔，从右至左书写。纸张需用刷浆、粘裱、石卵滚碾等多道工序处理。抄写完后加以装帧并绘制伊斯兰图案装饰，有的饰以贴金、描金，封面还用小牛皮饰以压花纹饰，制作精美。最常见的手抄书体有库法体、纳斯赫体、苏鲁斯体、波斯体，一般为阿訇们边学习、边手抄、边装饰，精心完成，其中倾注了他们对尊贵经典的崇敬之情。手写体经书在我国西北、西南的回族穆斯林聚居地区保存较多，一些清真寺、拱北和穆斯林家庭都有藏本。手写体经书的共同特点是装帧精细，《古兰经》首章和第二章第1~5节惯用五彩描金，书法严谨而流畅，有许多在经文中还加有阿拉伯文、波斯文注释。

1949年以前的印刷体经书根据存世情况看，分别有木刻、石印、铅印等版本。1862年（清同治元年），我国第一部木刻本阿拉伯文《古兰经》刊刻问世，汉文题为《宝命真经》。这是云南回民起义领袖杜文秀建立大理政权后倡议刊刻的。铅字印本则基本上为土耳其、埃及、伊朗、印度等国印刷，随回族穆斯林朝觐、经商等渠道带入国内。

除宗教经典以外，回族历史文献中还包括大量的阿拉伯文、波斯文著作。明中叶以后，回族的伊斯兰教经堂教育兴起，许多阿拉伯文、波斯文著作随之普及流传，这其中既有阿拉伯语、波斯语语法、修辞著作，如语法学著作《满俩》，修辞学著作《白亚尼》；又有对伊斯兰教教义、教法、教理的解释、精研及阐发论著，如《伟嘎耶》、《虎托布》、《艾什尔吐·来麦尔提》等；还有一些属文学著作，如《古莱斯塔尼》（即《真境花园》）等。这些文献在回族历史上起着传播伊斯兰文化的辅助作用。

回族及其先民在历史上还留下了大量丰富的汉文文献资料，内容涉及宗教、历史、艺文、科技、谱牒等方面。回族文献传播多以民间手抄和坊间刊刻为主，保存不易。早期回族文献极少，从史籍记载来看，我国最早的回族文献有五代李珣的《琼瑶集》，宋代蒲寿宬的《心泉学诗稿》。到了元、明时期，回族进入大发展时期，回族文献逐渐丰富。清代，各种回族文献抄本、刻本较多，如最早的回族民间文学书籍《回回原来》，自清中叶以后在回族内部曾广泛流传。明清时期回族汉文论著中最有影响的有王岱舆《正教真诠》、马注《清真指南》、刘智《天方性理》等，这些著作对回族思想体系的形成起到了奠基作用。近代，随着回族文化、教育活动的兴起，出版了大量书籍、报刊、杂志等回族读物，如《大化总归》、《归真总义》、《月华》、《回语读本》等，都是重要的回族历史文献实物资料。

1-1　描金阿拉伯文手抄本《古兰经》　明

单本。纵38厘米，横30厘米，厚6.2厘米

国家一级文物。明代后期手抄本。蓝布包封面，首章和第二章1～5节外框用伊斯兰图案装饰，五彩描金，金色华贵，红、绿、蓝色鲜艳，极其华美。经文以阿拉伯文手抄，书法优美而流畅，经历数百年，墨色依然清晰。经文用红线方框，框外及断句处有精美的描金伊斯兰彩绘花饰。

《古兰经》分手写本、刻本和印刷本，一些古版手写本尤为珍贵。它在书法上形成了我国回族手写阿拉伯文的独特体式——经堂体，区别于阿拉伯传统书法的一些体式，已融合了中国书法的很多精髓。在抄写上一丝不苟，并且在每一节还要绘制贴金花饰图案作为标记，非常精湛。所用纸张须经自力加工，俗称“打纸”，在制做中有配料刷浆、黏裱石滑、装订印暗线等工序，这种纸经久耐用。经考证，该描金手抄本《古兰经》，是边书写边用金粉和颜料仔细地绘制图案，经过防虫和保养墨色处理后，最后装订加封面而成的。

描金阿拉伯文手抄本《古兰经》

描金阿拉伯文手抄本《古兰经》首页装饰纹样

1-2 阿拉伯文手抄本《古兰经》 清末

一套30本。单本纵27.5厘米，横20.5厘米，厚2厘米

清末手抄本。封面用蓝色粗布，夹衬硬纸。内页由三层宣纸糊衬而成。经文为墨书手抄，字体流畅。

历史上，由于用雕版和活字印刷阿拉伯文较为困难，回族穆斯林学习《古兰经》及其他经典，一般都采用手抄本，抄写经典是“海里凡”（学生）的日常课程，其所使用的书法主要是纳斯赫体（也叫誊抄体）和波斯体。在新中国成立前，《古兰经》主要是靠手抄代代相传。

1-3　阿拉伯文手抄本《古兰经》　清末民国初

一套30册。单册纵33厘米，横23厘米，厚1厘米；
经匣长36厘米，宽25厘米，高51厘米

清末民国初抄本。经书装在一个木经匣内，经匣朴实无华，门上刻有阿拉伯文。经文正文以红线方框，并装饰伊斯兰风格的图案。

1-4 阿拉伯文手抄本《古兰经》 民国

三本。纵29.5厘米，横25厘米，厚1.5厘米

民国时期抄本。蓝花布包封面，字体娟秀，正文以红线方框，分节处装饰有涂金小花饰，框外带注释。

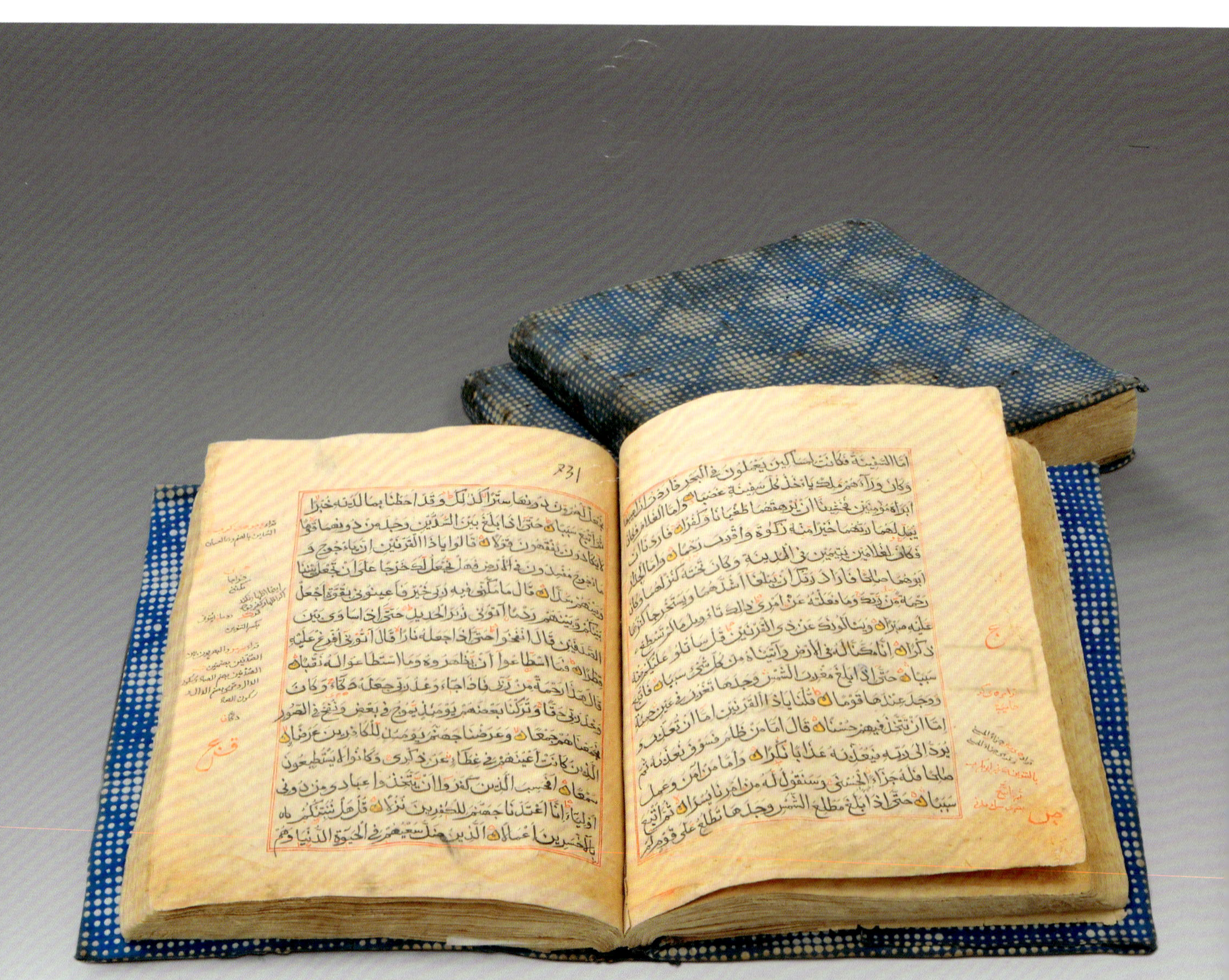

1-5　阿拉伯文印本袖珍版《古兰经》　清

经书：纵28毫米，横17毫米，厚15毫米
经盒：长36毫米，宽24毫米，高35毫米

铜盒精致小巧，浮雕伊斯兰风格的植物纹饰，并镶嵌有翡翠、玛瑙，有典型的西亚工艺特色。经书封面装帧为绿色软牛皮纸，内页纸质薄而坚韧，每页正面边上印有流行的伊斯兰风格花纹图案，阿拉伯文印本，字迹清晰，末页印有年代为1909年。微型印本《古兰经》据考证是中国回族从麦加朝觐时带回，为诵读方便回族穆斯林随身携带。

1-6 阿拉伯文印本袖珍版《古兰经》 清

经书：纵19毫米，横14毫米，厚8毫米，重3.9克
经盒：纵25毫米，横21毫米，高10毫米

1959年5月，银川市建筑公司在新城区（今银川市金凤区）原马鸿逵兵营废墟内施工时出土。经书放置于一个精美的仅有拇指大的铜盒内，盒上压印有精美的伊斯兰纹饰。经书封面为紫红色牛皮纸，上面印有伊斯兰图案。扉页上印有埃及国徽，并印有阿拉伯文，译为："这本尊贵的古兰经，只有内清外洁的人才可以触摸，伊历1312年"，经书为优质白纸印制，字迹清晰。经专家鉴定，认为是1892年（清光绪十八年，伊斯兰教历1312年）的埃及印本，属国家一级文物。

这部珍品《古兰经》历经沧桑岁月，但装帧完整，保存较好。页面篇幅虽小，印得非常清晰，不用放大镜也能看清楚文字。薄如蝉翼的书页用手几乎感觉不出它的厚度。袖珍《古兰经》在中国发现的不多，这部经书是世界上现存最小的《古兰经》之一，多家媒体进行了报道，受到了国内外各界的极大关注，对于研究阿拉伯文化、中外穆斯林交往以及微型印刷术均具有十分重要的意义。

1-7　阿拉伯文印本《古兰经注》　近代埃及印本

上、下两册。纵37.4厘米，横26厘米，厚2.5厘米

埃及是较早印刷《古兰经》的阿拉伯国家之一，中国的雕版印刷术约在9世纪左右就由海、陆两路传入了阿拉伯，并使埃及在10世纪出现木版印刷的《古兰经》。到了近代，印刷术不断进步，埃及、土耳其等国都出版了大量金属印刷本《古兰经》。

阿拉伯文印本《古兰经注》首页装饰纹样

1-8 阿拉伯文印本《古兰经》 清末—民国

单行本。纵9.8厘米，横7.3厘米，厚2.6厘米

清末至民国初铅印本，封面为棕色，印有波斯文《古兰经》书名和花叶纹装饰。

印刷术兴起后，《古兰经》仍靠手抄或由专人缮写，用石印或铜版印刷，因怕发生错误，不用活字排印。到19世纪，埃及等国才先后开始用活字印刷《古兰经》。

阿拉伯文印本《古兰经》

1-9 铜印版阿拉伯文《古兰经》、《塔志圣训》

《古兰经》函长23.3厘米，宽17.5厘米，厚3.5厘米；折叠页长16厘米，宽11厘米，重约395克

《塔志圣训》函长27厘米，宽17.3厘米，厚3.5厘米；折叠页长16.2厘米，宽12.8厘米，重量约550克

《古兰经》铜印版十五函三十册，《塔志圣训》四函八册，每函装两册，每册为折叠装，经文为錾刻，外盒表面錾刻有十分精美的伊斯兰花卉纹饰。成套的《古兰经》和《塔志圣训》铜印版均属目前国内首次发现，专家初步认为是近代阿拉伯国家印制伊斯兰经典的印版。

《塔志圣训》，原名《塔志》，是由埃及著名学者纳绥夫·阿里·曼苏尔综合五大圣训编著而成。该书名按阿拉伯文直译应该是“圣训汇集的皇冠”，汉文意译“圣训之冠”。《塔志》成书于1928年，原著共五册。20世纪60年代末，回族翻译家陈克礼阿訇将之译成汉文，约50万字，分为上、中、下三册，定名为《圣训经》。经专家鉴定此为该书的第四册。

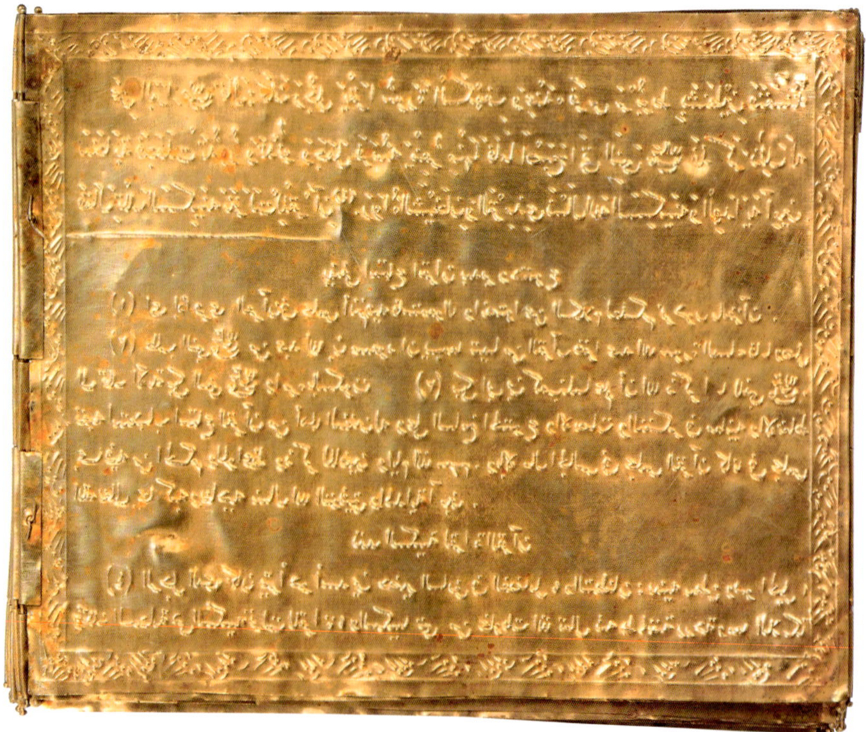

《塔志圣训》铜印版

《古兰经》铜印版

1-10 波斯文手抄本《古兰经》 明末清初

上、下两册。纵38.5厘米，横24.5厘米，厚3.5厘米

这两本《古兰经》装帧考究。棕红色牛皮压花封面，封盖为梯形勒口，可插到封底下面，以保护内页边缘。内页纸质为精心加工的麻纸，纸中加入了很细的棉或丝纤维。经文为波斯文手抄，墨色均匀，阿文书写流畅，红字为每节前的开首语，边框外还有注释。

以皮革来制作《古兰经》封面起源于8～9世纪，到16世纪的波斯萨法维王朝时，封面装帧艺术趋向豪华。其特征是封面牛皮压花，封底、封面花纹对称，有封盖。根据封面装帧及书体考证，这套《古兰经》为明末清初抄本。

1-11 阿拉伯文手抄本伊斯兰教法著作 清

单本。纵39厘米，横24.5厘米，厚5厘米

清代抄本。麻布包封面，夹衬硬纸，由于翻阅频繁及保存的原因，封面边缘破损较甚，但内页完整。正文为阿拉伯文，字体工整，其外斜书部分为阿拉伯文和波斯文混合注释。

1-12　阿拉伯文手抄本《赞圣集》　清

单本。纵22.7厘米，横15厘米，厚2厘米

清代手抄本。《赞圣集》是穆斯林从《古兰经》和《圣训》中摘录的有关记主赞圣词句的汇集。书册以硬纸作封面，上面绘制有繁缛的伊斯兰特色的花卉图案，色彩艳丽。经书用阿拉伯文和波斯文写成，每页用红、绿、金、蓝色线条画出内外复合方框，方框内纸色呈杏黄，与框外明显不同，当是经过染色等特殊处理。内框黑色的赞主词用阿拉伯文手写，其每行下的红字为关于词汇和语法的注解，外框有用波斯文斜写的注释。中心页有一整幅精心绘制的麦加禁寺平面图案，其中有醒目的“克尔白”图案，整幅页面五彩描金，装饰华美。

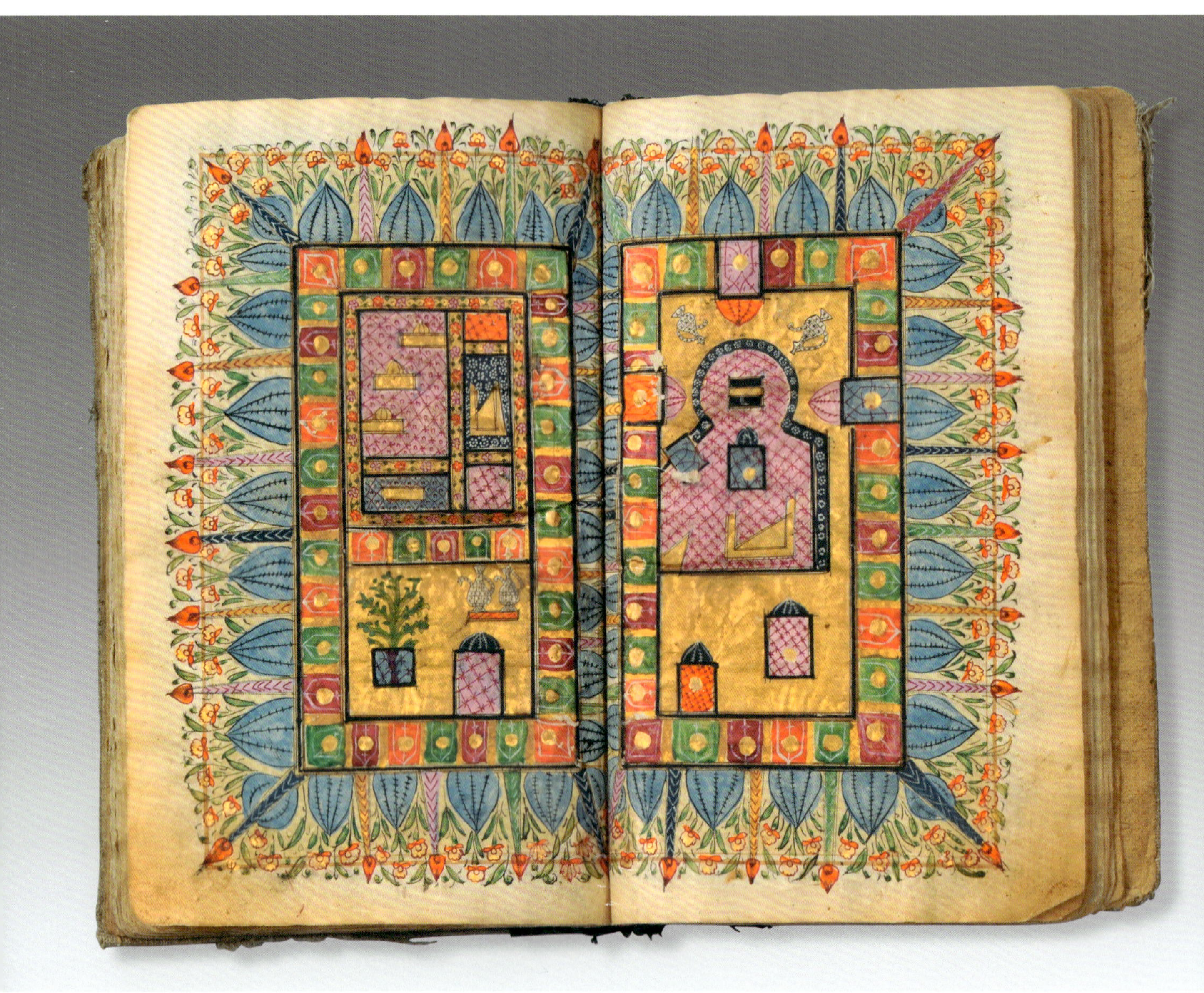

《赞圣集》内页

《赞圣集》内页

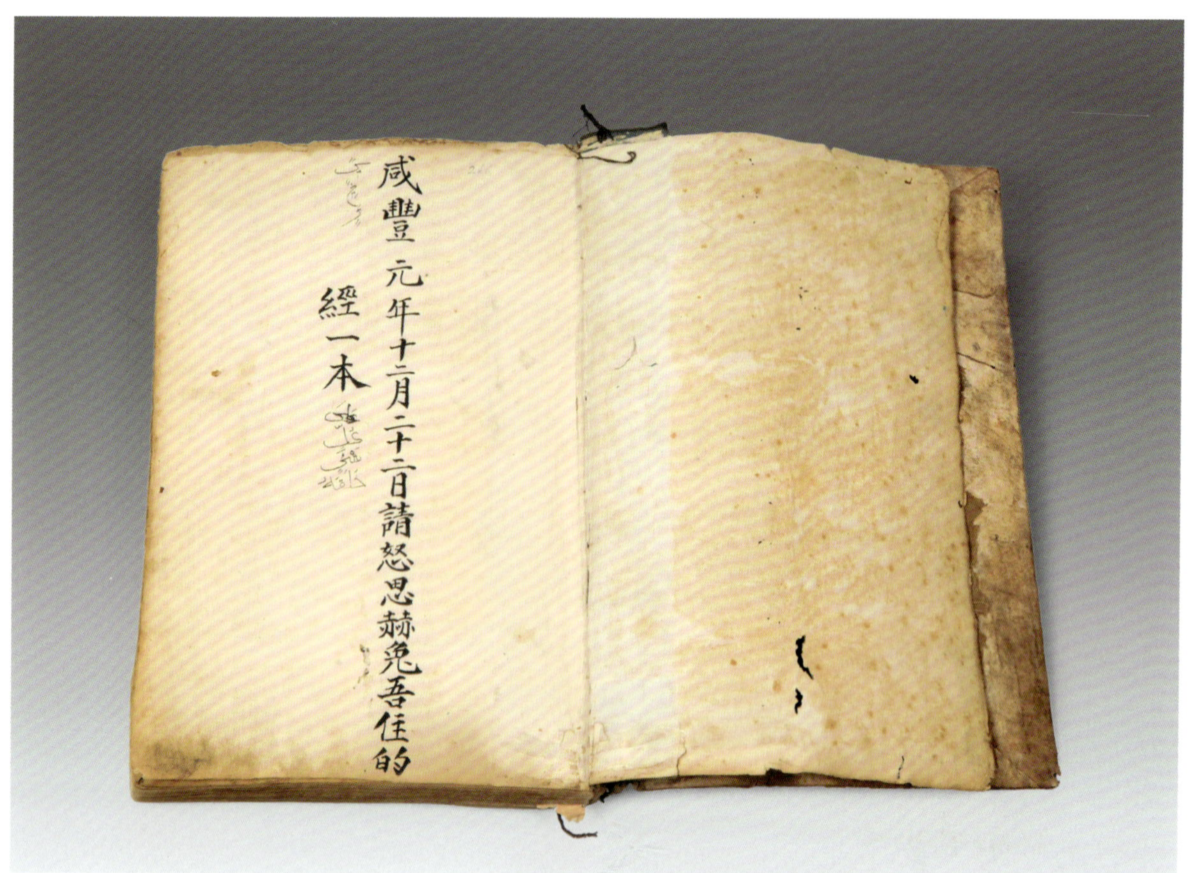

1-13 阿拉伯文手抄本《性理本经注释》 清

单本。纵37厘米，横24.5厘米，厚4厘米

牛皮封面，扉页手书有“咸丰元年十二月二十二日请怒思赫兔吾住的经一本”。

《性理本经注释》属回族伊斯兰教哲学著作，作者马联元（1841～1895年），系晚清云南著名回族经师。《天方性理》为明末清初著名回族学者刘智（1660～1730年）的汉文伊斯兰教哲学论著。马联元将《天方性理》的本经部分译为阿拉伯语，并加以注释，将其定名为《舍来哈·来塔义夫》，即《性理本经注释》。

《性理本经注释》内页

1-14 阿拉伯文手抄本《白亚尼》 清

单本。纵43厘米，横28厘米，厚2.5厘米

牛皮包封面，字体工整，正文外侧有斜书的注释。《白亚尼》作者赛尔德·台夫塔札尼（1321～1389年）。内容主要讲授阿拉伯语修辞学，为回族经堂教育教材之一。末页有墨书“光绪二十一年”、“田阿訇”字样，由此可知为清末抄本。

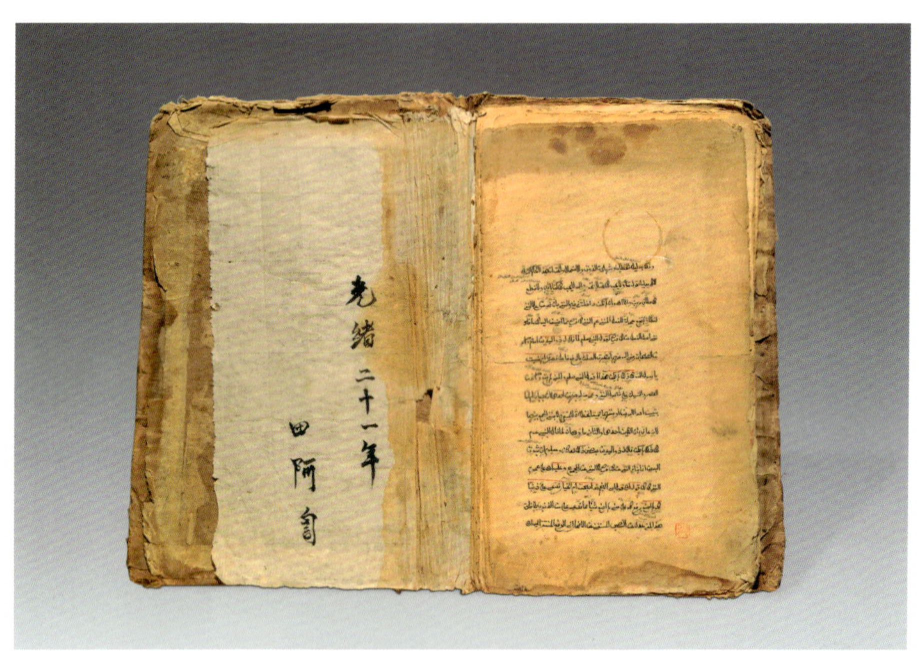

1-15　阿拉伯文印本《穆罕默德的道路》　清

上、下两本。纵30厘米，横23厘米，厚2.8厘米

黑布包封面，扉页墨书有“中正北平”、“马子清”字样及一方为“马玉明印”的印戳。阿文书名译为《穆罕默德的道路》，苏菲经典。扉页记载是哈里发出版社伊历1326（1908年）出版。作者艾布·赛尔德，成书于伊历1128年（1715年），共四册。

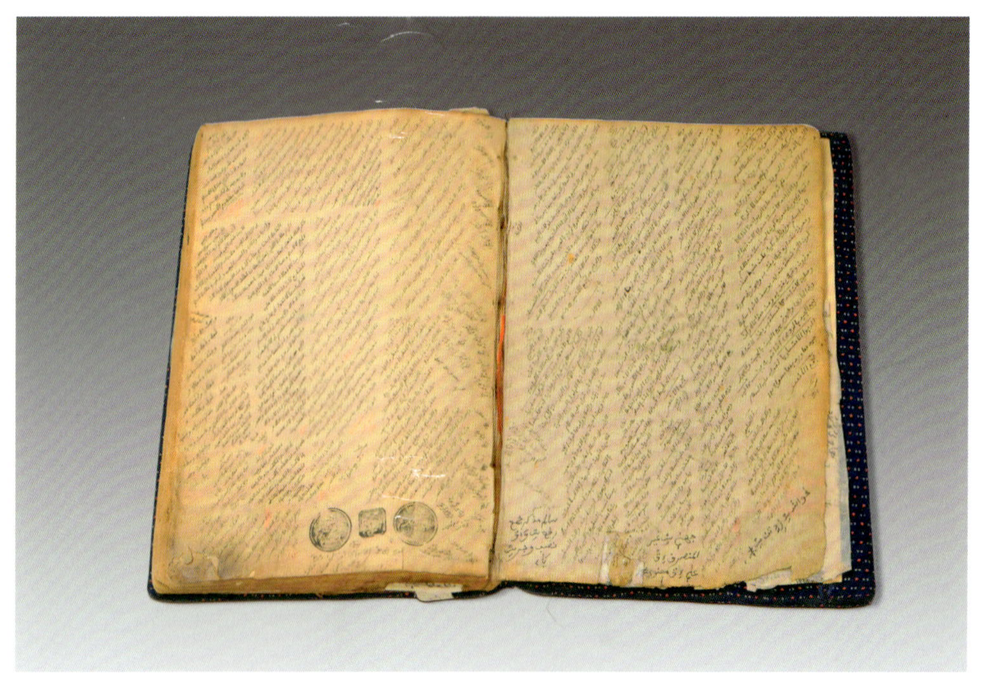

1-16 阿拉伯文手抄本语法著作 民国

两册。纵31厘米，横22厘米，厚2厘米

民国时期抄本。蓝花布包封面，扉页有阿拉伯文书名及“中正西吉”、“马子清”字样。正文单页9行，字体极为工整，可见抄写者阿拉伯文书写功力不凡。且每页经文均有大量的注释，说明抄写者对阿拉伯文语法造诣较深。末页有三方阿拉伯文印鉴，均墨书，阴文，字迹不清。

1-17　波斯文手抄本《真境花园》　明

单本。纵23.5厘米，横16厘米，厚3厘米

波斯文手抄墨书，字体秀润工整，并用红笔圈注和画框，边缘还绘有伊斯兰教常用的流行图案来进行装饰，显得庄重和精美。

《真境花园》，是波斯文叙事诗集，由诗体和散文体综合写成，为伊斯兰教劝喻性道德箴言著名作品，波斯文音译“古莱斯塔尼”，意为“花园”。作者萨迪（1184～1263年），波斯著名诗人。全书共8章，每一章都以若干生动有趣的故事组成，以劝善惩恶为宗旨，用诗文杂糅相间的形式和生动优美的语言，把叙事和评议有机地结合起来，并以富有哲理或格言式的短诗作结束。曾被作为中国伊斯兰教经堂教育的传统教材。1947年曾由北京牛街清真书报社出版了王静斋以《真境花园》为名的汉译本。1958年人民出版社又出版了水建馥的英文转译本。

波斯文手抄本《真境花园》

1-18 波斯文手抄本《艾什尔吐·来麦尔台》 清

单本。纵37厘米，横24.5厘米，厚3厘米。

清代手抄本。《艾什尔吐·来麦尔台》，作者贾米(1414～1492年)，中世纪波斯伊斯兰教苏菲派著名学者、诗人。中文译为《光辉的射线》，是贾米对法赫尔丁·伊拉吉（1217～1289年）的名著《神圣的闪光》一书的诠释，成书于1481年。刘智书目音译为《额史尔》，意译为《费隐经》；舍蕴善有译本《昭元密诀》，至今流传于世。近年则有阮斌译本《光辉的射线》（商务印书馆，2001）。本书为回族经堂教育的十三本教材之一。

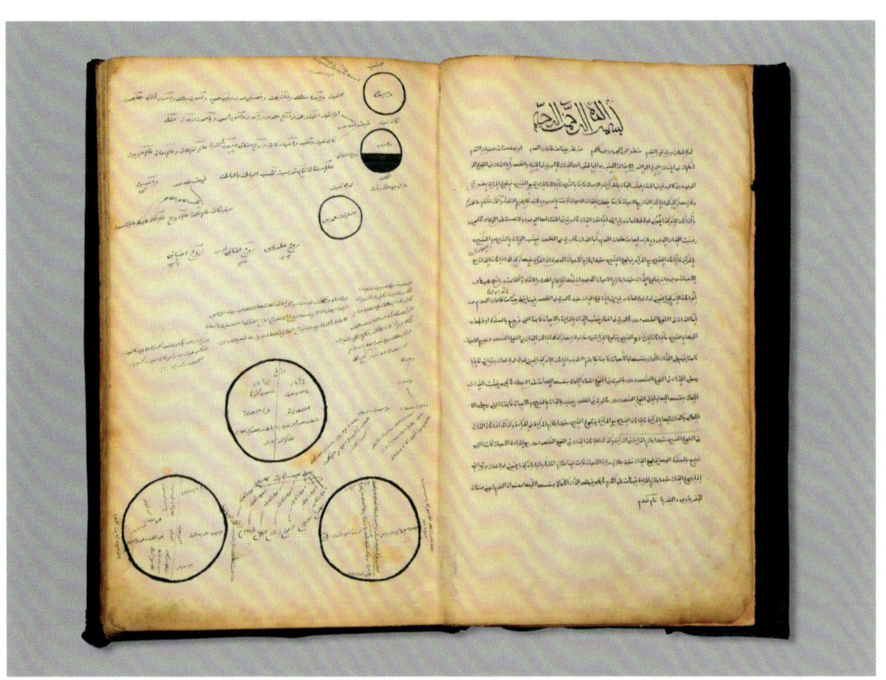

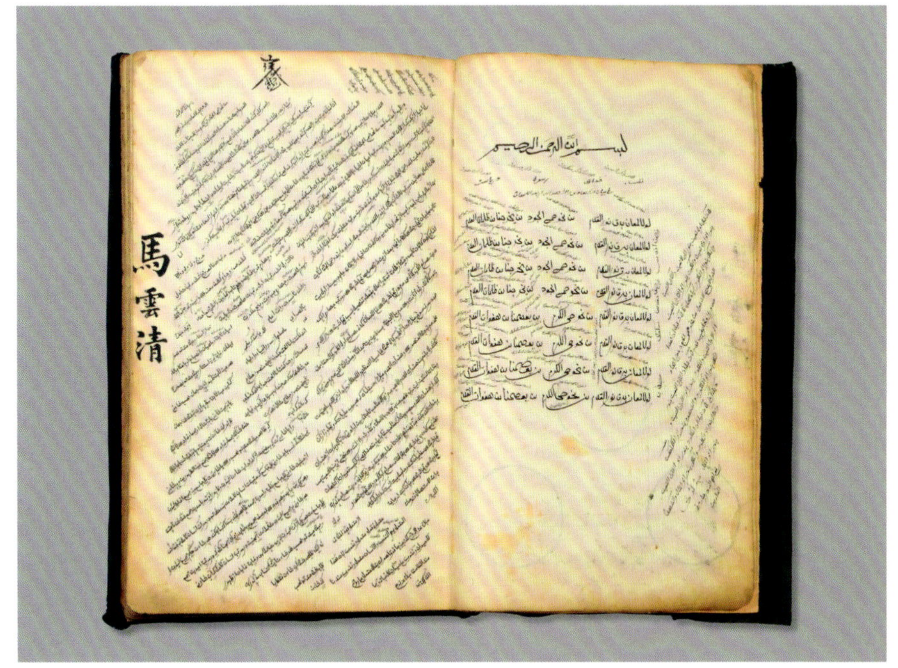

1-19 波斯文手抄本《列圣箴言》 清末—民国

单本。纵32厘米，横23厘米，厚2.6厘米

清末至民国抄本。红布包封面，扉页阿拉伯文大字手书“太思米”，末页为目录。首章前有三方印戳，印文两方为阿拉伯文，印文模糊不清；一方为汉文“福海”。

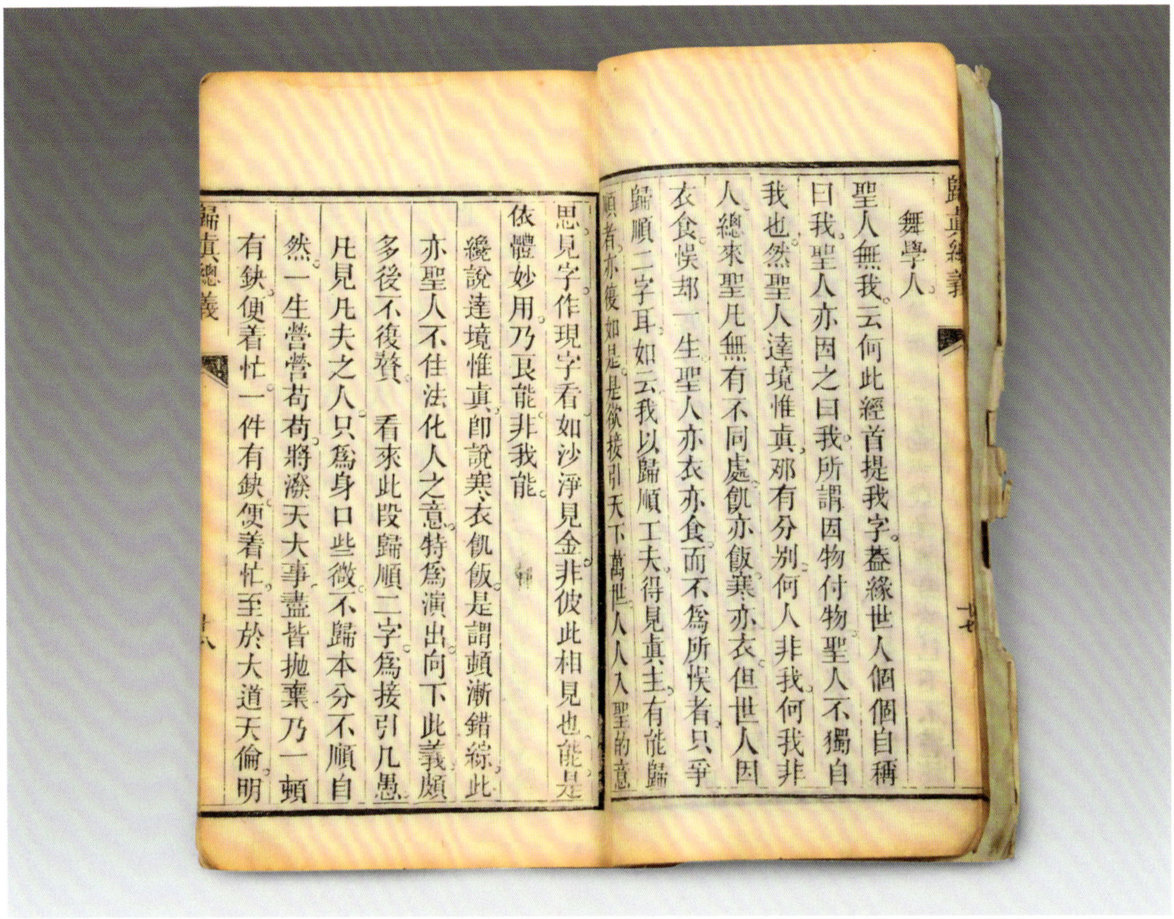

1-20 《归真总义》 清（光绪四年）

单行本。纵24厘米，横15厘米，厚1厘米

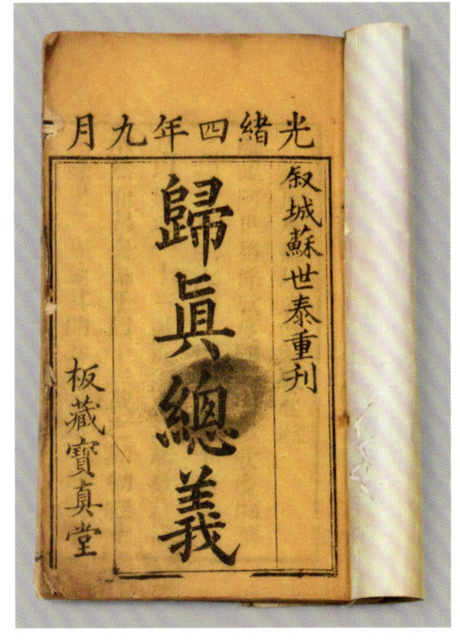

清代纸本刻版。封面印有“光绪四年九月”、“叙城苏世泰重刊”、“版藏宝真堂”字样。

《归真总义》是一部内容简短的汉文伊斯兰教著作。明末清初回族经师张中著述。系以一位来华的印度经师阿世格的讲经记录为主，并参照其他经典译注补充、整理而成。汇集成帙可能在明崇祯十三年（1640年），因认伊玛尼之理乃“吾圣人总方法而归一真之妙谛”，故名。为汉文阐发伊斯兰教义学的早期著述。全书万字左右，意在解释四句经文。每句均有阿拉伯文音译与汉文意译。第一句译为8字：“我归顺真主，就如他。”第二、三句译为20字：“我同真主一切尊名归顺，我同真主一切动静归顺。”第四句译为9字：“我承领真主一切断法。”全书皆由此37字阐发而来。刊本文字顶格者，疑系阿世格原话，余为张中的译文和注释。金吉堂《中国回教史研究》称其“为回教经籍中最早之汉译本”。刻版问世于清顺治十八年（1661年）或康熙元年（1662年）。另有光绪四年（1878年）叙城苏世泰重刊本（版藏宝真堂）和光绪三十四年（1908年）北京清真书报社刊本等。

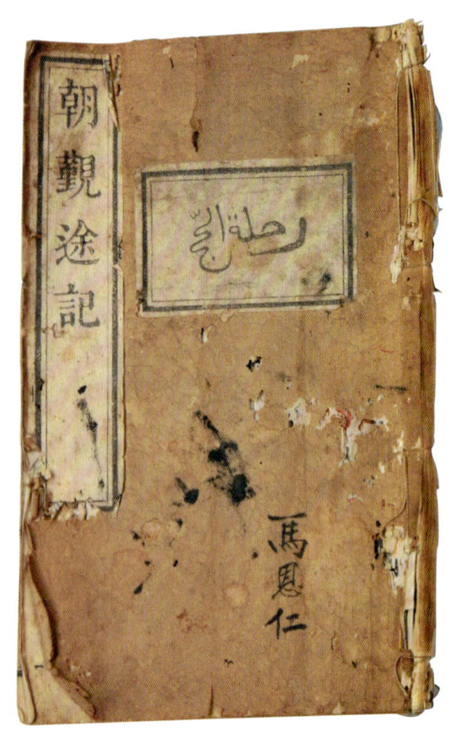

1-21　《朝觐途记》　清（咸丰十一年）

单行本。纵24厘米，横15厘米，厚0.5厘米

清代纸本刻版。中国伊斯兰教著作，清代云南回族马德新（1791～1872年，字复初）著，原稿为阿拉伯文，系作者朝觐麦加、游历阿拉伯地区之见闻录，故名。由其弟子马安礼译成汉文，咸丰十一年（1861年）在昆明刻版出书，此书即为该版本，同治年间亦有刻本。此书封面有中、阿文书名，并墨书有“马恩仁”三字，应为该书原持有者。

《朝觐途记》是中国穆斯林关于朝觐的交通地理专著，记载了19世纪40年代中国至阿拉伯的海陆交通状况，作者所到当地的建筑以及文化等。对“克尔白”的建筑形式及传说中的先知、先贤陵墓、圣石、圆顶清真寺亦有较详细的记载。作者于道光二十一年（1841年）赴麦加朝觐，游历阿拉伯地区达8年，到过埃及、土耳其等地，还著有《天方历源》、《寰宇述要》等。

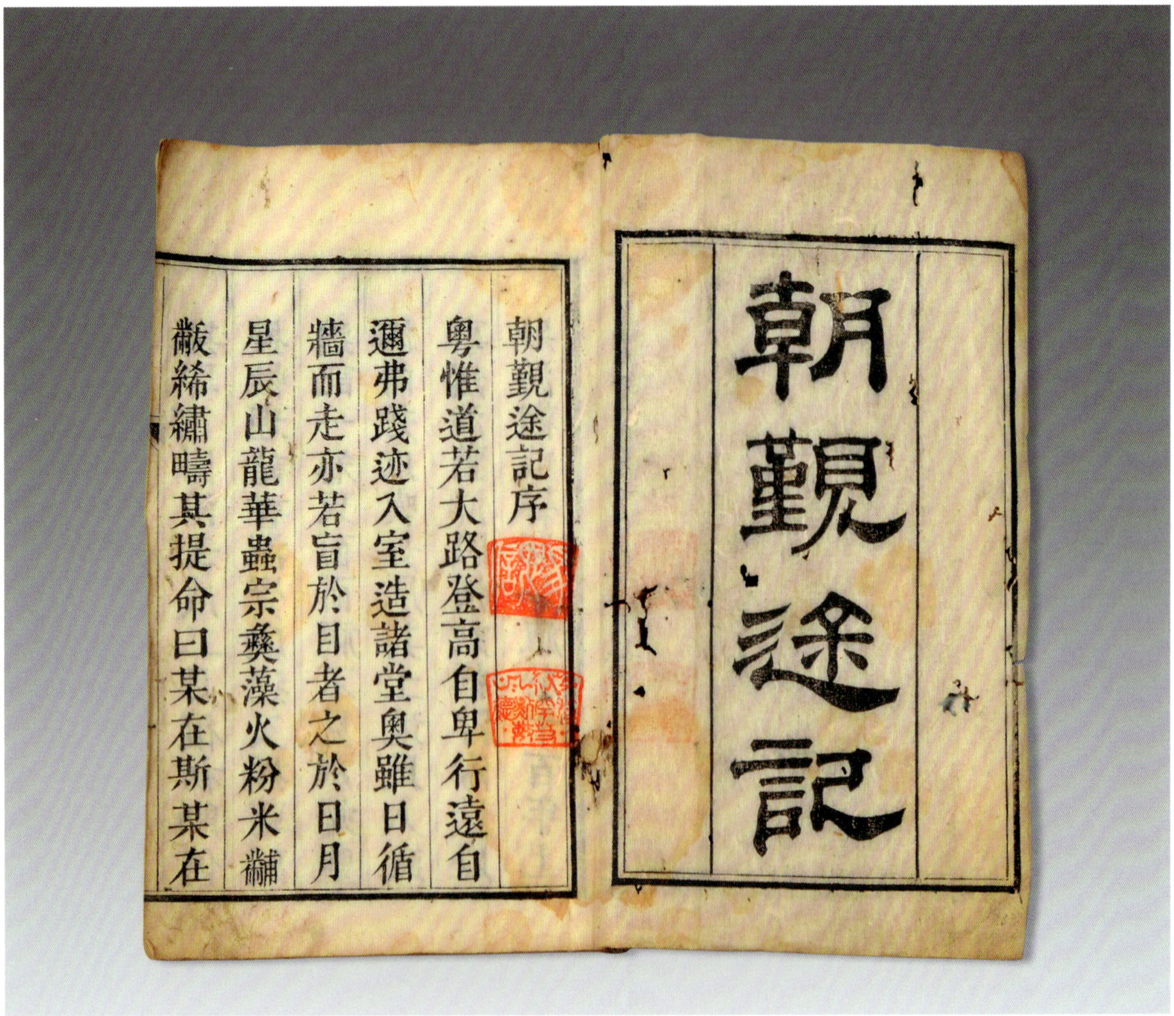

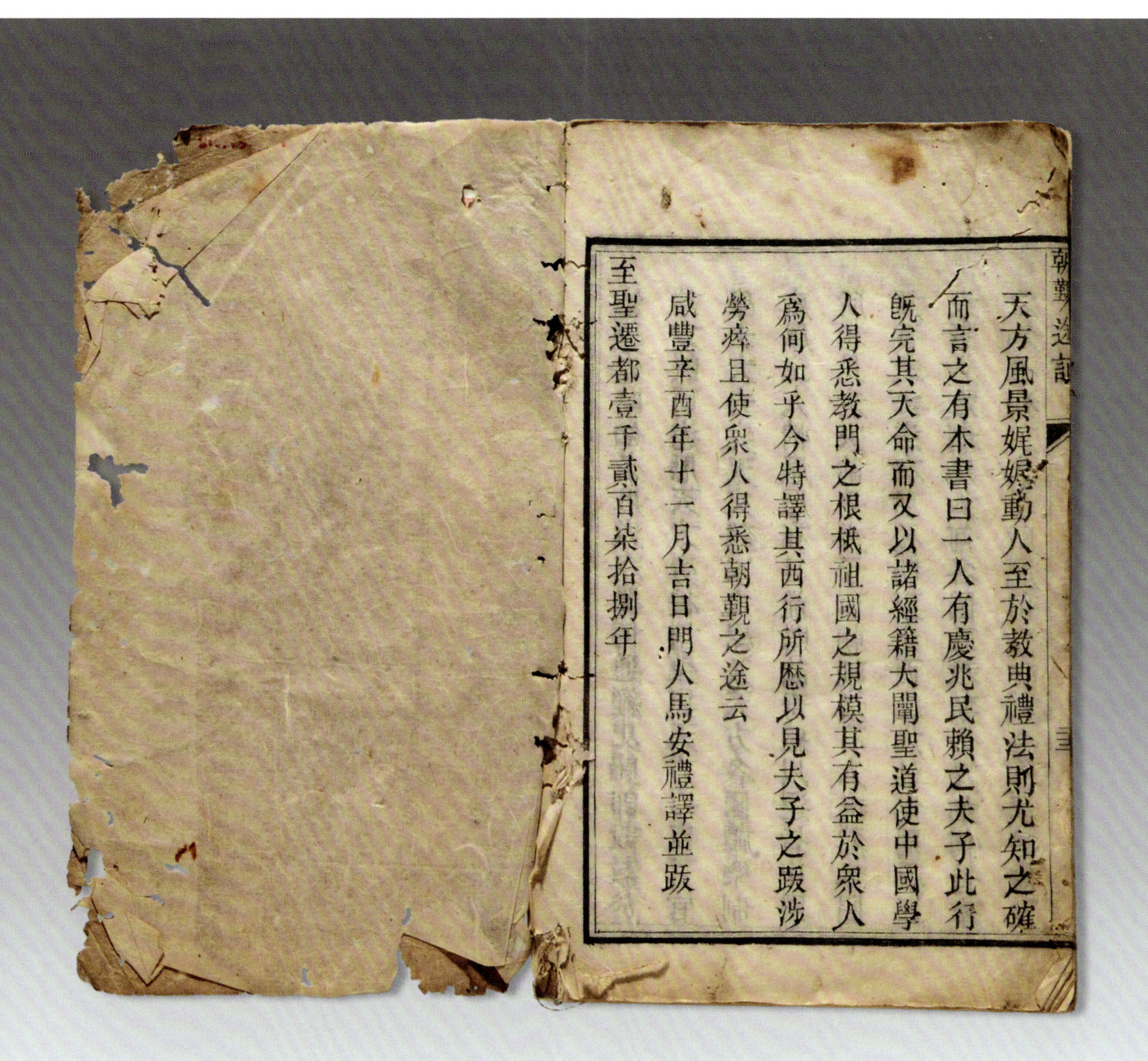

天方風景娓娓動人至於教典禮法則尤知之確而言之有本書曰一人有慶兆民賴之夫子此行既完其天命而又以諸經籍大闡聖道使中國學人得悉教門之根柢祖國之規模其有益於衆人爲何如乎今特譯其西行所歷以見夫子之跋涉勞瘁且使衆人得悉朝覲之途云

咸豐辛酉年十一月吉日門人馬安禮譯並跋

至聖遷都壹千貳百柒拾捌年

《朝觐途记》

1-22 《回语读本》 民国

单本。纵19厘米，横13厘米，厚1.5厘米

民国印本，封面印有中、阿文字书名“回语读本”及“回教学教适用”、“小学教科书”、“高级第一册”、“常德回教教育辅助会出版”字样。书内正文下部为讲解信仰和礼拜知识的汉文，上部为对应的“小儿锦”阿拉伯语译文。

1919年，湖南常德的伊斯兰教上层人士发起成立了“常德回教教育辅助会”，以革新经堂教育，开展伊斯兰经书编译，促进伊斯兰教文化的传播为宗旨。并以常德的李先慈阿訇为首，聘请邵阳的张春三阿訇和常德的马礼贤阿訇翻译阿拉伯文，并采用中、阿文对照的编排方式，编辑了《回语读本》共12册（初级8册，高级4册），这套书于1924年出版，畅销全国各地，尤以西北的陕西、甘肃、青海等省行销最多。先后出版10多次，达万余册，在全国颇有影响。

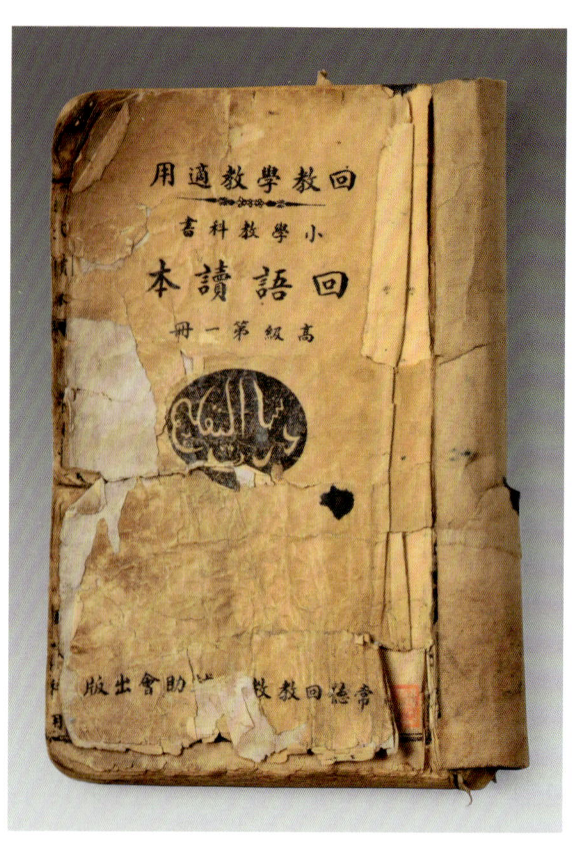

第二部分
宗教器物

回族宗教器物主要是指专门用于宗教活动中的器具、饰物等。它们是回族伊斯兰文化的重要载体，以实物的方式再现了不同历史时期回族宗教信仰、精神生活的真实风貌及其艺术创造和审美情趣。这些器物的共同特点是具有强烈的宗教属性，穆斯林因为这些器物的宗教属性及用途而对其怀有珍爱之情、崇敬之意。回族宗教器物形制多为中国样式，而雕嵌和绘写内容则为伊斯兰题材，伊斯兰图案和阿拉伯文书法在器皿上得到了淋漓至尽的应用发挥，这与伊斯兰教规定不崇拜偶像有着很大关系。

回族常用宗教器物大体可分为两类。一类是回族在宗教活动及宗教功修、学习中专用的器具，例如“太斯比哈”（念珠）、礼拜毯、呼图白棍、香板子、经架、经匣、挂毯等；二是多用类，主要包括一些伊斯兰题材的香炉、印章、牌匾、碑铭、雕版、纺织品等。既与宗教有关，也用于日常生活的其他方面。

上述器物中，阿拉伯文香炉是最具代表性的回族宗教器皿，历史文化内涵和价值颇高，其中尤以明代阿文宣德炉为最。清代的阿文炉器形多仿明代，且以景泰蓝制品为多。香炉本为中国传统的陈设器，回族为彰显本民族的信仰及文化品味，将伊斯兰教装饰及阿拉伯文字引进到香炉铸造工艺之中，融合创制出别具一格的各式阿拉伯文铜香炉、珐琅炉、陶瓷炉等，作为清真寺及居家的陈设，并成为典型的回族传世文物。这类香炉的伊斯兰装饰风格突出，炉外腹壁有云团状开光，内饰浮雕或嵌赤铜或金丝阿拉伯文，内容大多为清真言、赞主词、《古兰经》首章或其他章节。文体有库法体、纳斯赫体、苏鲁斯体等。除阿拉伯文书法装饰外，其他纹饰以抽象图案为主，主要是几何纹和植物纹。从其器形、功能和图案上看，显然是中国传统文化与伊斯兰文化有机结合的产物。

2-1　太斯比哈

“太斯比哈”是阿拉伯语音译，原意为“赞美真主”。后来，因穆斯林在礼拜结束时念赞词赞颂真主，并用串珠来记数，故称“念珠”为“太斯比哈”。真主（安拉）除本名外尚有体现其德性的99个尊名，穆斯林在礼拜后要连续诵念赞主词99遍。使用“太斯比哈”既可记数，又可帮助礼拜者专心诵念赞词。“太斯比哈”通常以33颗或99颗为一串，礼拜者在诵念赞词时用右手掐捻“太斯比哈”，如果是99颗一串的只掐捻一遍，而33颗一串的则要连续掐捻三遍。“太斯比哈”有用玉石、玛瑙、琥珀、象牙等质地昂贵的材质，也有用角骨、皮革、塑料、玻璃、椰枣核等普通常见之物制成，是虔诚的穆斯林常备的宗教用品。

33颗绿玉玛瑙“太斯比哈”

33颗玛瑙“太斯比哈”

33颗白玉、墨玉“太斯比哈”

99颗黄玉“太斯比哈”

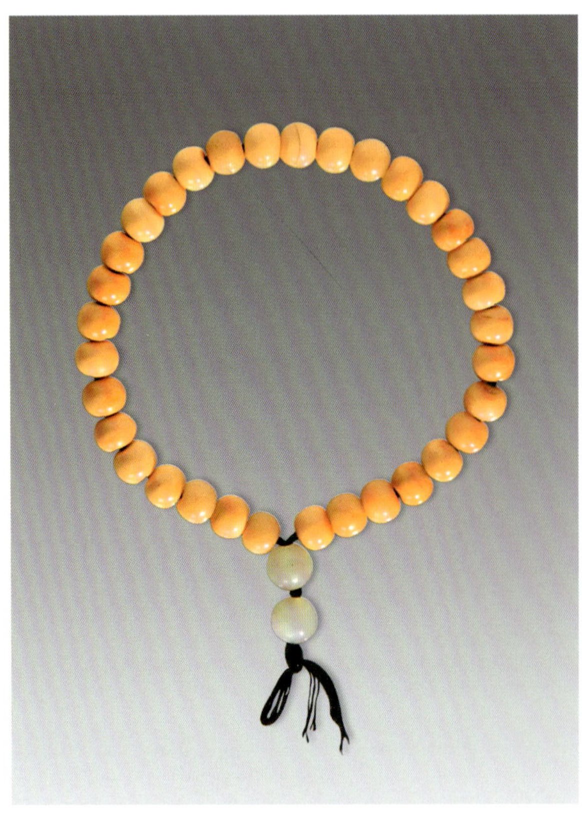

33颗黄杨木“太斯比哈”

33颗红珊瑚“太斯比哈”

33颗玛瑙“太斯比哈”

99颗绿玉“太斯比哈”

99颗玉“太斯比哈”

99颗枣木“太斯比哈”

99颗黄杨木“太斯比哈”

99颗花梨木“太斯比哈”

2-2　香板子　近代

长34厘米，宽17厘米

墨书《圣训》香板子，其内容是：亡人们啊！祝你们平安！愿真主宽恕我们和你们，你们是我们的先行者，我们会随你们而来（出自《圣训》）。古人有在骨板上书写、记事的传统。受此启发，在回族经堂教育的初级阶段，阿訇用牛骨板书写阿拉伯字母、经文来教授满拉识字和习经，称之为“香板子”。一般用于学习经文的香板子是用穆斯林过节时宰牲的牛肩胛骨，以示对《古兰经》的崇敬。且由于牛肩胛骨具有面积大、书写文字多，不易磨损等特点，便于使用。

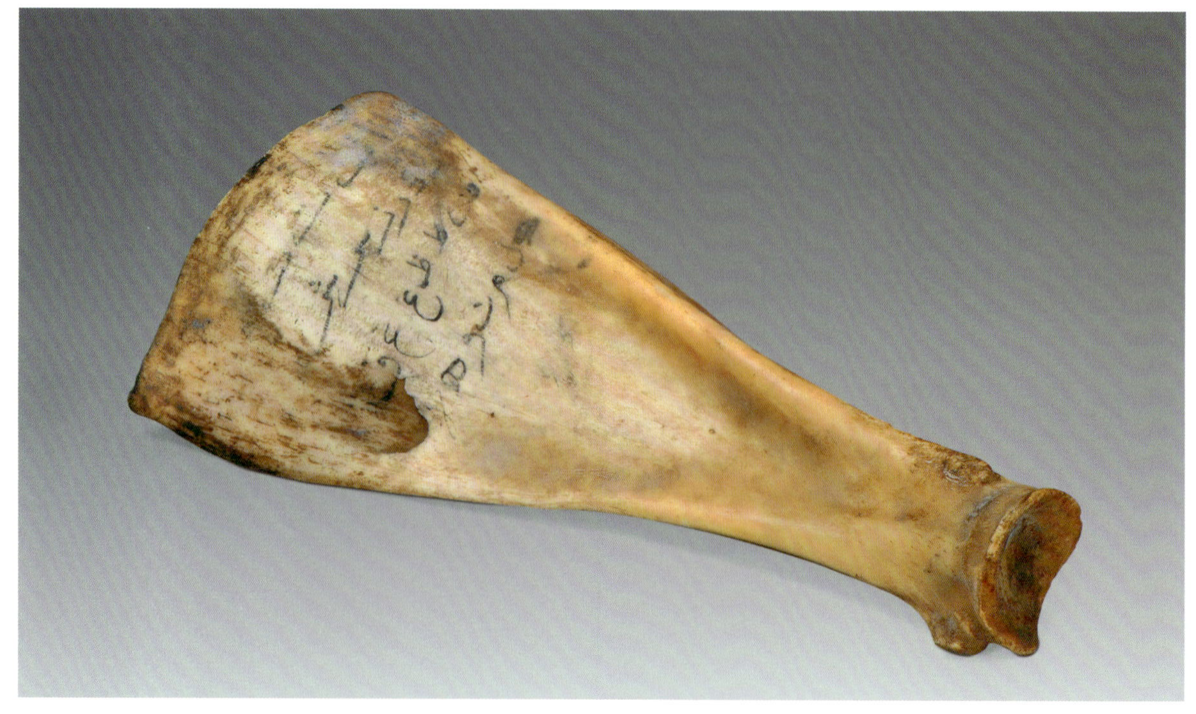

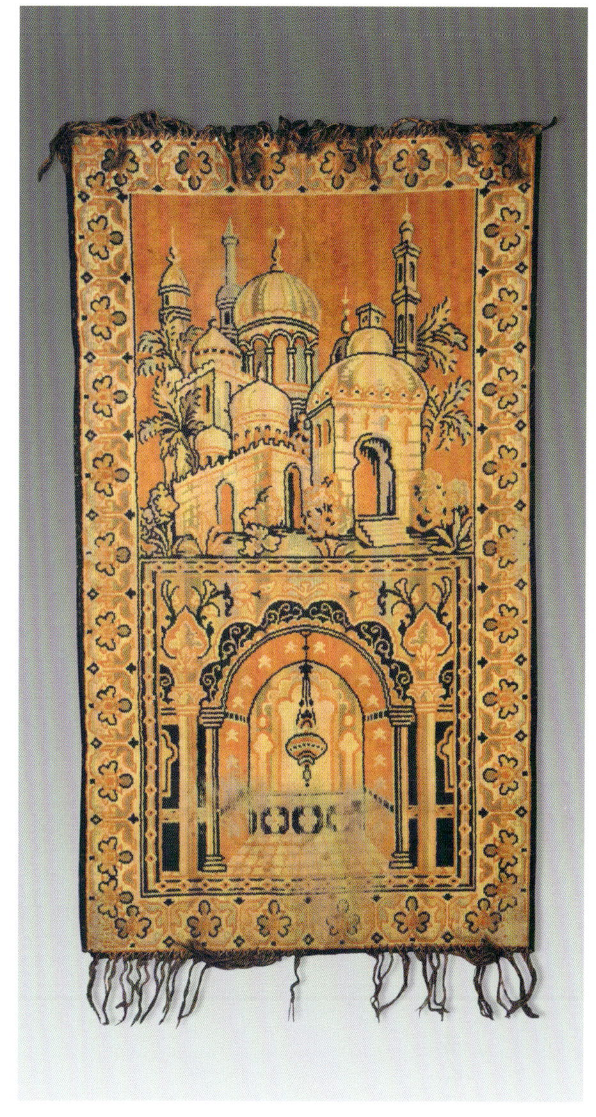

2-3　拜毯　近代

长107厘米，宽62厘米

两件。大小一致。近代手工毛织品，上下带有毛穗，四周以植物花卉纹饰围边。一件呈浅黄色（右），主体图案分上下两部分，上面是一阿拉伯风格的清真寺；下面是清真寺的一个内景。另一件呈青灰色（左），上部图案为伊斯兰教圣地麦加禁寺及“克尔白”，下部为植物花卉。均带有浓郁的伊斯兰风格。

拜毯是穆斯林举行礼拜、念经等宗教活动时专门使用的一种地毯，中国西北穆斯林习惯称之为“拜毡子”。过去，拜毯多由民间毡匠以优质羊毛为材料手工制成，色泽纯正、质朴耐用。上面通常织有圣地麦加的“禁寺”和“克尔白”以及经文或阿拉伯风格的图案。其规格也不一，可供一人或多人使用，一般铺设在清真寺礼拜大殿、拱北、道堂等集体宗教活动较多的场所或穆斯林家中。

2-4 阿拉伯文宣德炉 明

高25.5厘米，口径31.4厘米，腹径35.8厘米

铜制，国家一级文物，洪维宗先生捐赠。侈口，方唇，外卷沿，矮束颈，扁鼓腹，平底。口沿立桥形双耳，底部以矮钝的三个蹄形足支撑整个炉身。外腹壁两大两小四组云团状开光内阳刻有阿拉伯文字，意为“最贵的记主词（吉克尔）是念清真言（万物非主，唯有真主，穆罕默德是真主的使者）”，底款汉文四字篆书“宣德年制”。

阿拉伯文构成了此铜炉的主体纹饰，图案别致，内涵深奥，寓意独特。四面对称

的构图形式，受阿拉伯几何构图影响较大。阿拉伯文加以独特的书法形式，再与似浮动的大小云朵团有机结合，协调自然，飘逸流畅。画面布局讲究对称，比例适度。阿拉伯文雕刻精湛，技艺娴熟，独特浮动的画面跃然于其上，线条婉转流畅，自然雅致，富有韵律之美。这件阿拉伯文宣德炉，铜质精良，造型端庄古朴，工艺考究，是一件将冶铸、雕刻技术与阿拉伯书法绝妙融合的艺术精品，堪称宁夏回族文物中的珍品。

底款

2-5　嵌赤铜阿拉伯文铜方炉　明

口11厘米×13厘米，高8.9厘米

两件，大小一致，铜制。长方形直口，方唇，矮领，扁鼓腹，平底。鱼尾形双耳，四个半月形足。炉底刻两方汉字楷书阳文铭款，中央一款“大明正德五年钦赐回回掌教”，其左下一款“臣马大臣”。炉腹两面用

赤铜嵌成阿拉伯文，意为“将香炉置于‘格布莱’（礼拜方向）”和“最好的祈祷词是：感赞真主”。这两件香炉选料精良，器型稳重，做工考究，色泽明润，阿文精细流畅，显示出高超的工艺水平。为明代宫廷铸造，并赐予当时的回族上层人士，有着特殊的历史背景。据目前了解的资料来看，“马大臣”款阿文正德炉在国家博物馆、甘肃省博物馆及甘肃临夏民间还各藏有一件。

底款

2-6 阿拉伯文双耳铜香炉 清

高11厘米，腹径21厘米

清末所铸。侈口，圆唇，矮束颈，扁鼓腹，炉身较矮，半环形双耳，圈足，无底款，外腹壁镌刻有两组阿拉伯文清真言，以珍珠纹为底阳刻，意为“万物非主，唯有真主，穆罕默德是真主的使者”。

远在唐宋时期，各种香料就已成为回族先民在宗教礼仪和日常生活中的必需品。以前，回族家庭所使用的多为“檀香”，用香檀木制成，味道醇厚而且保持时间长。众多穆斯林聚在一起举行礼拜时，将檀香末放置在香炉里焚烧，借以净化空气，减少或避免因人多空气污染而影响健康，符合穆斯林酷爱卫生的传统。近现代随着香檀木的数量大幅减少，现在大部分回族家庭都改用卫生香等采用现代原料和工艺制作的燃香。

2-7 阿拉伯文双耳铜香炉 清

高9.5厘米，腹径17.3厘米

清仿明铸。侈口，方唇，矮束颈，扁鼓腹，平底。圈足略外撇，上腹部置弧形双耳。外腹壁两组对称开光内以珍珠纹为底，阳刻有阿拉伯文清真言，意为“万物非主，唯有真主，穆罕默德是真主的使者”。

2-8 阿拉伯文桥耳铜香炉 清

高14.5厘米，腹径18.3厘米

清仿明铸。侈口，方唇，矮束颈，桥形双耳，下垂扁鼓腹，大平底，三柱足。炉身光滑亮泽。外腹壁以珍珠纹为底阳刻有三组阿拉伯文，意为“最贵的记主词（吉克尔）是念清真言（万物非主，唯有真主，穆罕默德是真主的使者）和赞颂真主”。

点香，在西北穆斯林家庭中，是一种常见的习俗。通常每一家都摆放香炉，时常点香。回族每逢节日、礼拜，过“尔麦里”，念夜，清真寺或家中都要点香，以此清洁宗教场所和居室。一般点一炷或三炷，一个香炉最多只插三炷。为了区别于其他宗教，忌说“烧香”，而说“点香”。

2-9 阿拉伯文桥耳铜香炉 清

高15.2厘米，腹径18.3厘米

清仿明铸。侈口，方唇，束颈起凸棱，桥形双耳，扁鼓腹，圜底，三袋状足。外腹壁阳刻三组阿拉伯文，意为“最贵的记主词（吉克尔）是念清真言（万物非主，唯有真主，穆罕默德是真主的使者）和赞颂真主”。此炉铜质上好，色泽光亮。

2-10 阿拉伯文桥耳铜香炉 清

高14.7厘米，腹径19.5厘米

清仿明铸。侈口，方唇，矮束颈，桥形双耳，扁鼓腹略下垂，圜底，三锥状足。底款“大明宣德六年工部尚书臣吴邦佐监造”。外腹壁以珍珠纹为底阳刻三组阿拉伯文，意为“最贵的记主词（吉克尔）是念清真言（万物非主，唯有真主，穆罕默德是真主的使者）和赞颂真主”。

2-11 阿拉伯文剑耳铜香炉 清

长21.8厘米，宽10厘米，高15厘米

侈口，呈椭圆形，方唇，束颈，鼓腹，平底。剑形双耳，四个蹄形足。外腹壁以珍珠纹为底阳刻两组阿拉伯文，分别为穆斯林常念的“清真言”即“万物非主，唯有真主，穆罕默德是真主的使者”和“太思米”即“奉普慈特慈的真主之名”。此炉铜质精良，铸造考究，阿拉伯文线条流畅，从其材料、工艺看为清末所铸。

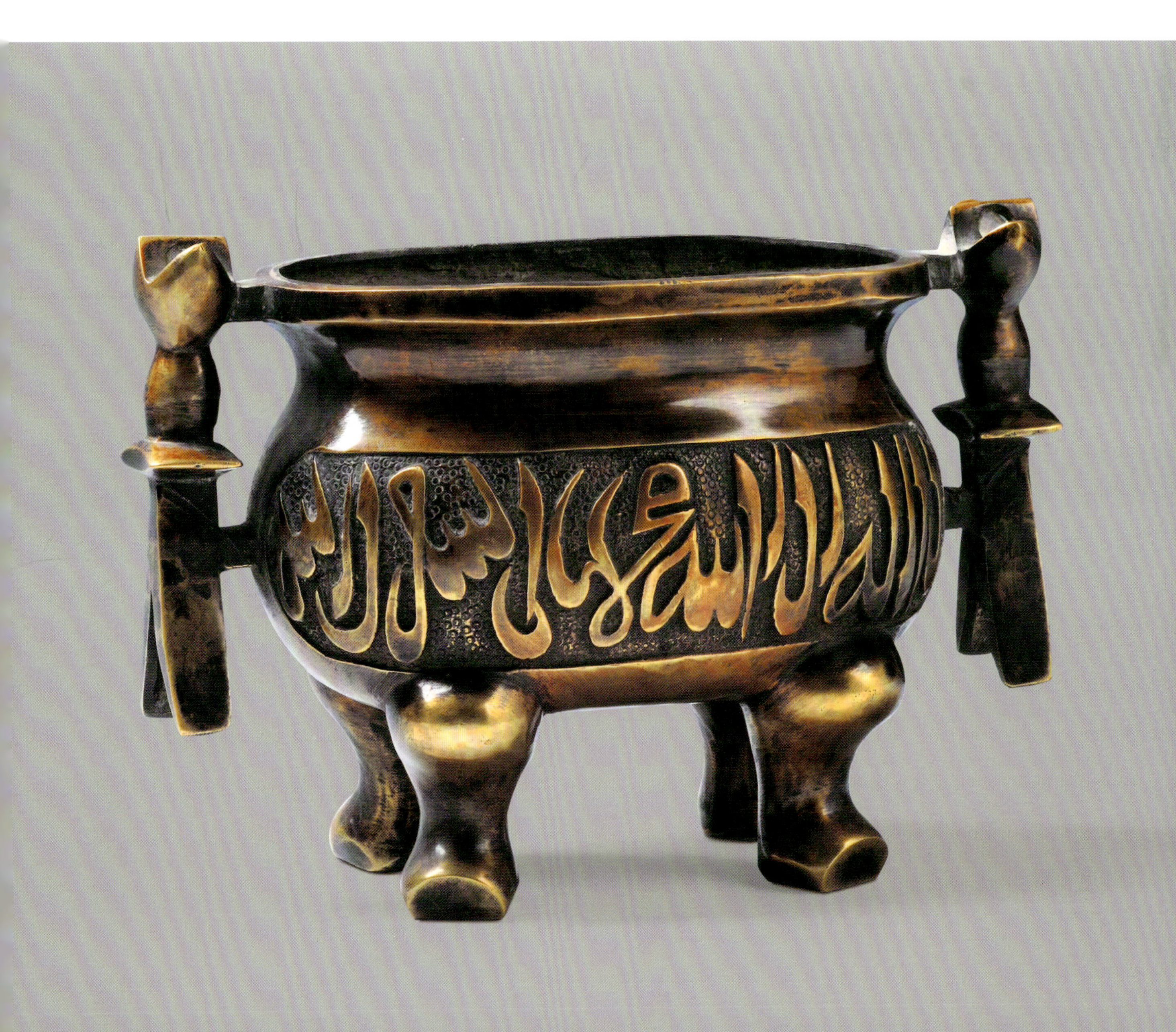

2-12 阿拉伯文景泰蓝香炉 清

高10.5厘米，腹径17.5厘米

直口，窄折沿，矮领，扁鼓腹，炉身较矮，平底，三柱足。口沿及足底露铜胎，外腹壁、外底、足部施珐琅彩。主体图案是腹部的三组云朵状开光，以鹅黄作底，红色作边，其内是黑色的阿拉伯文，意为“最贵的记主词（吉克尔）是念清真言（万物非主，唯有真主，穆罕默德是真主的使者）和赞美真主”。开光外用红、黄、蓝、白、黑、绿彩做出植物花卉纹饰，底部正中有一圆形开光，红蓝围边，明黄衬底，中心是一朵盛开的牡丹。整体装饰图案多样，色彩对比浓烈，艺术效果极强。

景泰蓝工艺在元代从中亚传入内地，明代逐渐风行，尤以景泰年间（1450～1456年）出现了较多的以阿拉伯蓝釉作底的铜胎金属器，故名。景泰蓝装饰艺术主要是植根于中国回族的伊斯兰抽象花卉图案，特征鲜明。清代景泰蓝工艺得到了进一步发展，并促进了回族伊斯兰风格金属器生产。清代回族景泰蓝器物多样，有瓶、炉、盒等。一般都有阿拉伯文开光，装饰图案以植物纹为主，口沿和底座也有饰几何纹的。植物纹有团花、莲花、牡丹、梅花等，花形具有中国传统花卉图案特点，而不是阿拉伯、波斯的抽象花卉图案，体现了中国回族伊斯兰文化中、阿结合的审美意识。

2-13　阿拉伯文景泰蓝香炉　清

高12.5厘米，腹径19.5厘米

方唇，平折沿，露铜胎，侈口，矮领，下垂扁鼓腹，炉身较矮，平底，三锥足。外壁、外底、足部施珐琅彩。主体图案是腹部的三组云朵状开光，以朱红作底，其内是金色的阿拉伯文，意为“最贵的记主词（吉克尔）是念清真言（万物非主，唯有真主，穆罕默德是真主的使者）和赞颂真主”。开光外有五彩植物花卉纹饰。整体装饰图案多样，色彩华贵。具有清代景泰蓝工艺特征。

قال النبي عليه السلام

2-14　阿拉伯文景泰蓝熏炉　清

口长24厘米，盖宽11厘米，高29厘米

整体由炉身，炉盖两部分组成。炉身为长方鼎状，敞口，折沿，方唇，深腹斜直，平底。双立耳，四柱足。通身施珐琅彩。唇露胎，压印回字纹。主体图案是四组阿拉伯文，以黑色为底，金色围边作出开光，内书朱红色阿拉伯文，意为“先知穆罕默德（愿真主赐福之）说‘特慈属于真主’”。炉盖为覆斗形，上置蘑菇形纽，四壁露胎，镂空成缠枝花叶形。方鼎状阿文炉极少见，这件景泰蓝熏炉造型别致，保存十分完好。色彩以蓝、红为主调，间以黑、金、绿色等，华贵中又不失沉稳，工艺精湛成熟，是一件难得的清代景泰蓝佳作。

2-15 阿拉伯文铜香炉 清

高7厘米，腹径19厘米

侈口，矮束颈，扁鼓腹，平底。炉身较矮，三蹄足。无底款。从其造型、材料及工艺看为清末所铸。外腹壁三组开光内以珍珠纹为底阳刻有阿拉伯文，意为“最贵的记主词（吉克尔）是念清真言（万物非主，唯有真主，穆罕默德是真主的使者）和赞颂真主”。

在回族穆斯林的家庭摆设中，房间内案几上有一种特别的摆设叫做“炉瓶三式”。炉瓶三式一般多为铜质，也有瓷制的。炉是指请阿訇诵经时，燃香用的香炉。瓶为一长颈瓶，用来插放铲香饼的铜铲和撩拨香料的铜筷。另外还有放置香饼、香条的香盒，这些香料多用芸檀芳香木料制成。用时将香饼插上香条放入炉中，点燃香条去引燃香饼，顿时满室清香。

2-16　阿拉伯文铜香炉　民国

高7.6厘米，腹径12.3厘米

其形如鼓。敛口，鼓腹，大平底，三扁条形足。外腹壁近口、近底处各饰一周花叶纹，足饰卷云纹，腹中部三组开光内阳刻有阿拉伯文，意为“伟大的安拉不看你们的外表和行为，而是洞视你们的内心”。从其造型、材料及工艺看为民国时期所铸。

2-17 阿拉伯文铜香炉 民国

高17.5厘米，口径28.3厘米，腹径33厘米

方唇直口，宽折沿，矮直领，上腹扁鼓，下腹缓收成圜底，三锥足。无底款。外腹壁三组云团状开光内以珍珠纹为底阳刻阿拉伯文，意为“最贵的记主词（吉克尔）是念清真言（万物非主，唯有真主，穆罕默德是真主的使者）”。民国时期所制。

محمد رسول الله

2-18 阿拉伯文双耳陶香炉 民国

长14.5厘米，宽8.3厘米，高9.8厘米

陶制，炉身呈长方斗形，方唇，平折沿，直腹，平底，四足呈弧形连接，外部施黄釉，双附耳细长。前后两面剔出云团状开光，之内剔釉阳刻阿拉伯文，意为“万物非主，唯有真主，穆罕默德是真主的使者”。为民国时所制。

2-19　阿拉伯文双耳陶香炉　民国

高10.4厘米，口径10厘米

敞口，弧腹，圜底，双耳，三柱足。整体造型如大树之根，外壁似斑驳的树皮，开光处似剥去树皮袒露木芯，阴刻阿拉伯文，填绿彩，意为“一切赞颂，全归真主”。此炉造型古朴典雅，构思巧妙，为民国时期所制。

2-20 阿拉伯文木香炉 民国

长28.3厘米，宽9.5厘米，高19厘米

木制，炉身呈斗形，敞口，深腹内曲，平底。下接四足束腰台座。通体红漆，斑驳陆离。后壁凸起，其内侧绘一金色圆圈，内书阿拉伯文，意为“真主”；两侧外壁书金色阿拉伯文，意为“穆罕默德”；外壁正面书金色阿拉伯文清真言，意为“万物非主，唯有真主，穆罕默德是真主的使者”。为民国时所制。

محمد

2-21 阿拉伯文石香炉 清

长35厘米，宽19厘米，高19.6厘米

红砂石质，炉身呈长方斗状，四足。正面阴刻阿拉伯文，意为“穆罕默德是真主的使者”。背、侧面及底座刻有植物花卉纹饰。清末所制。

2-22 阿拉伯文石香炉 清

长23厘米，宽10.4厘米，高16厘米

整体造型独特，上方排列有三个圆形香炉，中间的一个位置稍靠前，体积也略大于两侧的香炉。支座厚重，形似几案，前后阳刻阿拉伯文，正面意为“奉普慈特慈的真主之名”；背面意为“万物非主，唯有真主，穆罕默德是真主的使者”。

2-23　阿拉伯文石香炉　民国

长23厘米，宽10.6厘米，高16厘米

白石质，斗形炉身，方唇，敞口，斜直腹，平底，方柱足。外壁正面周边阳刻锯齿纹，中部以浮雕花叶纹分割两行阳刻阿拉伯文，上行意为“奉普慈特慈的真主之名”，即“太思米”。下行意为“信仰《古兰经》、斋月、行善”。

此炉造型朴拙，装饰别致，韵意悠长。

2-24 阿拉伯文石香炉 民国

长19厘米，宽8.4厘米，高11厘米

白石质，整体呈元宝状，方唇，敞口，口缘凹弧形，斜直腹，平底，无足。外壁四面阴刻阿拉伯文。正面以绿漆围边，红漆为底，阴刻阿文，意为“最贵的记主词（吉克尔）是念清真言（万物

非主，唯有真主，穆罕默德是真主的使者）”（左上图）。背面以双线圈边，刻两行阿文，上行意为“奉普慈特慈的真主之名”，下行意同正面（右上图）。两侧红漆底阴刻阿文，意为“穆圣（愿安拉赐他平安）说：斋戒是一面遮火牌”。

2-25 阿拉伯文石香炉 民国

长16.5厘米，宽9.4厘米，高9.6厘米

白石质，长方斗状炉身，方唇，敞口，斜直腹，平底，底缘呈锯齿状，条砖形双足，足墙外折。外壁正面阴刻阿拉伯文清真言，意为“万物非主，唯有真主，穆罕默德是真主的使者”。阿文傍有阴刻汉文“真言”二字。民国时期所制。

2-26　经案　民国

长227厘米，宽45.5厘米，高93厘米

木制。长方形，纹饰图案集中在正面，挡格上方横排三组阳刻阿拉伯文，意为清真言，下方刻绘花叶，足似蹄形。绿色花叶衬托着金色的阿文，以及醒目的朱漆，视觉效果强烈。这种经案是清真寺大殿中为数不多的陈设品之一，用来放置《古兰经》和香炉等。民国时期所制。

2-27 经柜 民国

长43厘米，宽32厘米，高60厘米

长方体，外拐四蹄足。通体红漆，木柜正面上方开两扇小门，门上绘金黄色阿拉伯文，左右两扇柜门的内容一致，四角阿拉伯文为“四大天使”之名，中间阿拉伯文为“太思米”，意为“奉普慈特慈的真主之名”。柜门中间扣有铜锁，下方开两个小屉。这种经柜一般为阿訇使用，用来放置经书等物。民国时期所制。

2-28　经柜　民国

长35厘米，宽26厘米，高51厘米

长方体，顶面开横槽，内置插板，不设门，四蹄足。正面团花形开光内阳刻阿拉伯文，意为“《古兰经》是真主的语言”。

2-29 经柜 民国

长42厘米，宽35厘米，高70厘米

两件，造型、大小一致。长方体，顶面安装花蕾形纽，下接桌形底座，以插板代门。正面圆形开光内阴刻阿拉伯文，意为“《古兰经》是真主的语言”。背面彩绘插花宝瓶。

2-30 经柜 民国

长41厘米，宽35厘米，高58.5厘米

一对。一件经柜（上）的底座饰雕花栏板，另一件经柜（下）栏板残缺。经柜呈长方体，底座附有四个羊蹄形足。以插板代门，柜的正面外缘刻有植物纹饰，再内一周是几何纹饰，中央剔成圆形，之内阳刻阿拉伯文字样。是近现代回族穆斯林宗教用品。

2-31 经架 现代

长38.2厘米，宽18.7厘米

用整木锯成相连的两片，再用连体榫卯互相套合。经架造型小巧，可折叠。镂刻阿拉伯文清真言、几何图形及植物花卉纹饰。经架是为了对经书表示尊敬与方便阅读而设置的台架，可供大小不同的经书放置其上。

2-32　阿拉伯文石印章　民国

高4厘米，印面直径3.6厘米

黄蜡石质地，圜形蘑菇纽，印面阳刻阿拉伯文“太思米”，意为“奉普慈特慈的真主之名”。

2-33　阿拉伯文石印章　民国

长6.4厘米，宽3.9厘米，高5.8厘米

石质，外表包红漆，圭形纽。印面长方形，阳刻两组阿拉伯文，意为“当天空破裂的时候”（《古兰经》84：1）。印纽两面亦阳刻阿拉伯文“太思米”，意为“奉普慈特慈的真主之名”。

2-34 阿拉伯文石印章 民国

边长4.3厘米，厚1.9厘米

印为白色玉石质地，正方形，无纽，印面阳刻清真寺的象征性图案。盒为黄铜质，亦为正方形，平素无纹。

2-35 阿拉伯文兔纽石印章 民国

长6.2厘米，宽3.7厘米，高5.8厘米

长方形印面，兔纽。印面阴刻有阿拉伯文，内容待识。

2-36　阿拉伯文鸽纽石印章　民国

通长6.4厘米，宽3.1厘米，高5厘米

石质，鸽纽。印面椭圆形，阿拉伯印文为阳刻，意为“当天空破裂的时候”。

2-37 阿拉伯文石印章 民国

高5.9厘米，边长6厘米

滑石质，正方形，无纽。印面阳刻星月形阿拉伯文，星形意为“奉普慈特慈的真主之名”；月形意为“万物非主，唯有真主，穆罕默德是真主的使者”。印背阴刻清真寺形经字画，意为：“穆罕默德是真主的使者。”

2-38　阿拉伯文铜印章　民国

高2.2厘米，直径2厘米

圆形印台，斜置扁瓶形纽。有穿孔，可悬系。印文阴刻，内容为“哈吉·穆罕默德·索迪格”。

2-39　阿拉伯文铜印章　民国

高9.9厘米，宽5厘米

造型为一穹顶清真寺，星月为纽。印面正方形，阳刻阿拉伯文，意为“白格尔乐园”；印缘上方刻有阿拉伯文，音译为“莱格”。

2-40 阿拉伯文铜印章

民国

高1.9厘米，边长2.9厘米

正方体，无纽。印面阳刻有阿拉伯文“欧斯曼”，印文上方阳刻双星双月。

底部

2-41 阿拉伯文木印章 民国

高3.1厘米，宽5厘米

长方形纽。印面正方形，阳刻有阿拉伯文，意为“当天空破裂的时候”。

2-42 阿拉伯文木印章 民国

边长4.2厘米，高2.8厘米

方形覆斗状，无纽，印背阴刻汉文“上”字，印面阳刻有阿拉伯文，意为“当天空破裂的时候”。

第三部分
日常生活用品

讲究卫生，喜爱洁净，是回族特有的习惯。在长期的历史发展过程中，回族逐渐形成了独特的生活习俗，包括净身、饮食、穿着和居处等多个方面。日常生活用品上突出表现在净身和饮茶的器具。

回族十分讲究沐浴。回族沐浴主要包括小净和大净。“小净”，回族称为“阿卜代斯”，一般在诵经、礼拜和参加宗教活动前来做；“大净”，回族通称为“乌苏里”，要求在“坏大净”后、出远门、过节和参加各种礼仪活动时进行，平时生活当中也要经常洗大净。回族洗大小净有一套严格的程序，必须认真遵守，为此，专门创制出了所用的卫生器具——汤瓶和吊罐。回族穆斯林认为，洗过的水只能流出，不能重复使用。因而，水房的洗具，在清真寺和每一个回族家庭中都是不可缺少的。

宁夏回族喜爱饮茶，所出的“八宝盖碗茶”十分有名，使用的茶具是一种由茶托盘、茶碗和碗盖组成的盖碗。饮用时，不时用碗盖刮动茶水，滗去浮起的茶叶末，也称“刮碗子”。另外，在宁夏南部地区还盛行“罐罐茶”，这是一种用砖茶熬制的饮品，所用器具多为陶罐、铁罐和铜罐，该茶汤色浓酽，味道苦涩，回族老人在晨礼之后多饮之。

“汤瓶”是供做礼拜的回族穆斯林小净时用以盛水的器具，其形状像茶壶，体形略高，有盖有把又有流水的小嘴，不洁之物不宜进去。用“汤瓶”洗手洗脸，既方便又卫生。回民饭馆、食品店或饮食摊前常悬挂绘有汤瓶壶图标的木牌，是清真饮食的标志。

“汤瓶”早在唐朝时就从阿拉伯国家传入中国。有关“汤瓶”的传说主要有两种：一种说法是唐朝的一位皇帝在梦里见到一位头缠白布的中年人，高高地撑住一根眼看就要坠落下来的殿梁，使皇宫没有倾倒，皇帝得救了。皇帝惊醒以后，就召集大臣释梦，大臣们说，只有穆斯林才“头缠白布”，救驾者一定是穆斯林。于是，就请来一位阿拉伯穆斯林辅佐朝政，这位唐皇帝赏赐了他一把金质“唐壶”，供他礼拜前沐浴用。还有一种说法是唐肃宗为了平定安史之乱，请“回纥”出兵相助，当时，伊斯兰教正在“回纥”渐渐兴起。平乱之后，唐朝皇帝赏赐有功将士每人一只供沐浴用的金质“唐壶”。两个传说中所说的“唐壶”，均肚大脖长，很像瓶子。久而久之“唐壶”被念成了“唐瓶”，而“唐”与“汤”同音，“汤”字在古汉语中的本意是指“热水”，故后来“唐瓶”就都念成了“汤瓶”。

回族老人正在使用汤瓶

3-1 长颈铜汤瓶 清

高44.5厘米，腹径14.5厘米，底径15厘米

盔形盖，上有一橄榄形纽，用插销与瓶嘴相连。瓶为盘口，细长颈，中有一鼓棱，细流嘴，长鼓腹，喇叭形圈足，底沿边有两道弦纹。

3-2 铜汤瓶 清

高36.5厘米，腹径15厘米，底径15厘米

盔形盖，用插销与把相连。上有一椭圆珠形纽，束颈，附有短流，单把，折肩，长鼓腹，喇叭形足。

3-3 螺旋盖铜汤瓶 民国

高26.5厘米，腹径16厘米，底径11厘米

红铜质地，螺旋盖，圆珠纽，鼓腹下垂，单把，弯流，喇叭形圈足。把、流与壶身铆接。

3-4 螺旋盖铜汤瓶 民国

高31厘米，口径8.4厘米，腹径17厘米，底径4.2厘米

螺旋盖，方锥纽，把如香蕉，腹如梨，喇叭形足，细弯流。

3-5 螺旋盖铜汤瓶 民国

高29厘米，口径8.3厘米，腹径15.5厘米，底径14.4厘米

螺旋盖，珠形纽，把如香蕉，腹如梨，盘状足，细弯流。

3-6 刻阿拉伯文铜汤瓶 民国

高19厘米，口径8.7厘米，腹径15厘米，底径13.2厘米

小圆盖，直口，折肩，长桶腹，矮圈足。腹壁打压有阿拉伯文，单耳，弯流，壶嘴有箍边。

3-7　铜汤瓶　民国

高24厘米，口径7.5厘米，腹径12.7厘米，底径12.8厘米

小圆盖，直长颈，宽折肩，附斜弯流，单把，直桶腹，大平底。

制作汤瓶的回族青年

3-8　铜汤瓶　民国

高19厘米，口径8.7厘米，腹径16.5厘米，底径13.2厘米

小圆盖，直口，圆肩，上小下大长桶腹，矮圈足。单把，弯流，壶嘴有錾圈。

3-9　铜汤瓶　民国

高22厘米，口径9.5厘米，腹径19厘米，底径12厘米

杯形盖，顶端有一锥形小纽，直口，长颈，宽折肩，上大下小斜直腹，单把，弯流，嘴上有一箍边，矮圈足。盖壁刻有一圈阿拉伯文，内容待识，腹壁刻有花叶纹饰。

3-10 陶汤瓶 民国

高19.5厘米，口径7厘米，腹径18.4厘米，底径11.2厘米

子母口，盖已失。短颈，圆鼓腹，短流，小平底。上腹阴刻有阿拉伯文字样，内容待识，肩部附有一单耳。

3-11　铜吊罐　民国

高23厘米，口径17厘米，腹径20厘米，底径17.8厘米

通体呈圆柱状，直口微敛，长曲腹，大平底。口沿外卷，细长桥形提梁，上带弯形的铜钩，盖半开，底中部开一小孔。

铜吊罐底面

3-12 陶吊罐 民国

高21.5厘米，口径15.5厘米，腹径21.5厘米，底径15.6厘米

侈口，圆唇，矮束颈，长曲腹，大平底。口部及肩部两侧各附有一耳，底中部开小圆孔。

吊罐是回族“大净”用的洗具，多吊在穆斯林家门背后的房梁上，地下是一个水池子，有下水道通往屋外，近乎淋浴设备，简单方便。清代回族使用的吊罐多系陶器。

3-13　绿釉彩绘阿拉伯文盖碗　民国

通高10厘米，口径11厘米，底径3.2厘米；托高3厘米，口径11.2厘米，底径4.2厘米

托、碗、盖俱全，盖似斗笠，托如浅豆，碗为敞口，深腹曲内收。器壁较薄，内底为牡丹花纹，内壁白釉彩绘八吉祥图案和“御赐”、“福寿”等汉文字样；外壁及托、盖以绿釉衬地，用五彩饰花卉、星、月图案；盖面、碗壁及托沿中有一圈黑彩阿拉伯文，内容是“吉祥如意”。托盏外壁白釉无彩，整体造型精致，图案美观，纹饰既有中国传统文化的内容，又有伊斯兰文化的特征。

正在用餐的回族一家

3-14　红釉彩绘阿拉伯文盖碗　民国

通高10厘米，口径11厘米，底径3.2厘米；托高3厘米，口径11.2厘米，底径4.2厘米

形制与绿釉彩绘阿拉伯文盖碗基本相同，只不过其外壁、盖面及托沿均为红釉。

用盖碗子喝水的回族老人

3-15　银盏托　民国

高2.4厘米，口径10.3厘米，底径4.8厘米

回族日常生活用品，盘口，呈六瓣花边形，浅腹，平底下凸。托边沿刻一周梅、兰、竹、菊图案，间隔刻有“二品幽香”四个汉字。

3-16 铜盏托 民国

长15.5厘米，宽9厘米，高2厘米

通体呈花瓣形，边沿有翘棱，浅腹，平底下凸。素面无纹。

3-17　单把铜茶罐　民国

高19厘米，连把宽21厘米，口径15.5厘米，腹径16.5厘米，底径12.6厘米

直口，短流，宽扁单把，深曲腹，肩部外壁刻有植物、花卉纹饰，大平底。该茶罐为宁夏南部地区用以熬罐罐茶的器具。

罐罐茶是流行于宁夏南部地区的一种饮茶方式，一般在炕边放置一小火炉，以金属质地的罐熬制砖茶，煮沸后倒入小茶盅饮用。这种茶以罐小砖茶浓为好，茶水呈黑色，味苦，回族老人在晨礼之后就早点熬饮之，有暖身健胃、提神消食的作用。

3-18 刻阿拉伯文铜茶罐 民国

高15.7厘米，口径10.3厘米，腹径14厘米，底径12厘米

直口圆箍，深腹微鼓，大平底。单把，外壁刻一圈阿拉伯文字样，内容待识。

3-19 刻阿拉伯文铜茶罐 民国

高15.7厘米，口径10.3厘米，底径12厘米

喇叭口，束颈，宽扁单把，上小下大斜直腹，大平底。腹壁刻有一圈阿拉伯文，内容是“他俩又通行，后来遇见了一个儿童，他就把那个儿童杀了，穆萨说：‘你怎么枉杀无辜的人？’”（《古兰经》第十八章山洞章）。阿文下阴刻一周水波纹和芦草纹。器形简率，制作粗疏。

3-20 刻阿拉伯文铜水壶

民国

高23.5厘米，口径9厘米，腹径15.5厘米，底径11.5厘米

圆饼形盖，中间有穿孔，可穿绳。子母口，宽折肩，上有一宽扁提梁，周围刻一圈阿拉伯文字样，内容待识，斜直腹，外刻牡丹花叶纹饰，斜直流，大平底。

3-21　刻花卉铜水壶　民国

高30.4厘米，口径10厘米，腹径15.7厘米，底径12.7厘米

圆盘盖、环纽，直口，宽折肩，铆有扁平提梁，上大下小，斜直腹，腹中部阴刻折枝牡丹花，斜直流，大平底。

3-22　提把铜水壶　民国

高13.5厘米，口径4.3厘米，腹径7.9厘米，底径4.9厘米

圆盘盖，多面体形纽，直口，高领圆肩，铆有圆提梁，曲腹，弯流，平底。腹壁阳刻一组“忧伤者的引领者啊！”阿拉伯文字样。

3-23　錾花阿拉伯文铜水壶　现代

高16厘米，口径11厘米，腹径21厘米，底径12.4厘米

红铜质地，碟形小盖，圆鼓腹，细弯流，单扁提梁，平底。肩部錾刻一周细小的珍珠纹及阿拉伯文字样，内容为“铁”、“壶”和“饮水”，外腹壁錾刻植物和花卉图案，提梁及流嘴刻抽象图案。此壶为穆斯林日常盛水泡茶所用，造型精巧，做工细致，为回族群众朝觐从西亚带回的手工制品。

3-24 刻阿拉伯文铜水壶 现代

高14厘米，口径9.7厘米，底径16.5厘米

白铜质地，壶体有白、黄两色，盘盖圆纽，盖面边沿錾刻一周花叶图案，宽扁提梁，腹壁为八面，上刻阿拉伯文字样，内容为“真主”和“穆罕默德”，弯流，底边沿錾刻一周团花纹饰，大平底。形制规整，作工精细。

3-25 錾花铜水壶 现代

高13.5厘米，口径2.4厘米，腹径16.5厘米，底径13.2厘米

黄铜质地，浅盘盖，直口，宽圆肩，扁鼓腹，宽扁提梁，喇叭形圈足。曲形鸭嘴流，肩部锤揲一圈花卉纹饰，肩腹之间为竖条纹，腹壁刻满花叶纹。宽扁提把上刻英文“MADE IN KAXKAR”汉译为“喀什制作”。

3-26 铜炭火壶 民国

高33厘米，腹径17.5厘米，底径18.5厘米

通体由三个部分组成，上部圆饼形竖棱烟孔盖，短直颈，二层台形宽折肩。中间玉璧形注水盖和上细下粗桶形腹，长流稍弯箍边，宽扁单把；下部喇叭形的火炉，火门形似穹顶方台清真寺，平底。素面无纹。

此为西北地区民间常用的一种煮茶的器具，有铜、锡两种材质，一般分两部分，上半部分是盛水的铜胆，中部有烟囱与下部放炭火的小炉相通。在冬季，炉中燃起木炭，无论天气多么寒冷，主人也能随时喝到热水，随时泡茶。

3-27 铜炭火壶 民国

高30厘米，腹径15.5厘米，底径11.7厘米

圆形带纽烟囱盖，长烟囱，口内敛，玉璧形注水盖，附有“S”形铜条，用一铜链与烟囱盖相连，长鼓腹附有宽扁耳形单把，带盖鸭嘴弯流，并有一提环，拱形火门，平底，三扁足，足尖外折。

3-28　铜炭火壶　民国

高32厘米，腹径16厘米，底径11.7厘米

盘形带纽烟孔盖，长烟囱，口内敛，玉璧形注水盖，附有多层“S”形铜条，有一铜链与烟孔盖相连，斜折肩，鼓腹，内空，细扁把，带盖长脖鸭嘴流，拱形火门，三扁足，足尖外折。

3-29　刻阿拉伯文方形铜炭火壶　民国

高12厘米，边长8.9厘米

通体呈方柱形，玉璧形注水盖，盖中间为圆形烟孔，表面有两个凸纽，直口，粗直领，平折肩，方直腹，内腹中空，平底。一侧面刻有阿拉伯文字样，内容为“真主至大”，另一侧面为圆形火门，单把，弯流，下有四个乳钉足。

3-30 铜炭火盆 民国

高8.5厘米，直径38.4厘米

形如铜钹，宽边，卷沿，浅直腹，圜底。

由于西北地区冬天寒冷，家里取暖除了火炕外，还使用火盆。火盆的质地多为铜、铁，形如大盘，直径约有二尺，底大口浅。有的家庭将火盆放在地上取暖，有的则在小方桌中间挖出圆孔或方孔，将火盆嵌进去，放在炕上取暖。火盆的燃料多用木炭，也使用宁夏产一种无烟、无味、烧后只剩一点白色灰渣的砟子煤，效果比木炭好。

3-31　三足铜炭火盆　民国

高13厘米，直径40.5厘米

盘口，宽边，卷沿，浅直腹，圜底，有三个兽头足。

宁夏南部山区回族家庭常用的炕桌火盆

3-32 錾刻阿拉伯文铜烤馍锅 民国

通高24厘米，锅高10厘米，直径18.7厘米；架高14厘米，直径20厘米

由锅和支架两部分组成。锅体与盖相扣，盖面呈覆盆形，顶端中间为一宽扁桥形提手，刻有一周阿拉伯文，内容为清真言，盖壁刻一圈叶瓣纹样，盖沿有数个补钉；锅体为钵状，两侧各有一宽扁把，平底，圆环形支架，下焊三个铁条长足。

此物也称馄锅，是回族制作馄馍（当地回族群众一种喜爱的面食）的用具。方法是将发好的面加适量的碱和干面粉，揉成面团，擀成张，撒上香草粉，放置在此器物里，扣合后，再放入草木灰里或炭火中用慢火恒温烧烤而成，其特点是外焦里软，香甜可口，保存时间长，是典型的回族餐饮用具。

3-33　铜烤馍锅　民国

高14.5厘米，直径35厘米

黄铜质地，锅体与盖相扣，盖面凸起，中间有一长条宽扁提手；锅体为钵状，两侧各有一长条形宽扁把，平底。素面无纹。

3-34 印阿拉伯文木套盘 民国

长31.1厘米，宽22.1厘米，厚2.7厘米

长方形，圆唇，直口，浅直腹，平底。四层形制统一，上下套合，底层横开三个小屉，装铜拉手，左右为方胜如意拉手，中为花边半环拉手。通体髹黑漆，盘内逐层彩绘兰花、月季、彩蝶等图案和绿色的阿拉伯文字样，内容为“一切赞颂全归真主”、“太思米”和“愿真主慈悯你”等。同时也分层书写汉文行书“兰为香祖”、“松雪”、“国色天香”、“石青”等字样。该盘为回族群众待客时放置果品、食物所用，具有鲜明的回族风格。

首层

二层

三层

四层

3-35　阿拉伯文铜碗　民国

高4.3厘米，口径11.8厘米，底径5.5厘米

敞口，腹壁斜曲渐内收，圜底圈足，内壁刻有阿拉伯文。

回民朝觐多带回渗渗泉水，这是他们喝渗渗泉水的器具。所刻阿拉伯文，内容为“他们只奉命崇拜真主，虔诚敬意，恪遵正教，谨守拜功，完纳天课，这是正教。信奉天经者和以物配主者，他们中不信道的人，必入火狱，而永居其中，这等人是最恶的人。信道而行善的人，他们是最善的人。他们在他们的主那里的报酬是下临诸河的常住的乐园，他们将永居其中，真主喜悦他们，他们也喜悦他；这是畏惧真主者所有的”（《古兰经》98：5—8，马坚译，中国社会科学出版社，2003年，459页），依次有真主、穆罕默德、法图麦、阿里、哈桑、侯赛因的名字。

3-36　阿拉伯文铜碗　民国

高8厘米，口径12厘米，底径5厘米

敞口，方唇，腹壁斜曲渐内收，圜底。圈足，器壁光滑。

内壁錾刻有三行阿拉伯文，内容为“信道的人们啊！没有买卖，没有友谊，不许说情的日子降临之前，你们当分舍你们的财产。不信道的人，确是不义的。”（《古兰经》2：254）外壁刻花叶纹。从其工艺来看，当由西亚地区流传而来。

3-37 黄釉粉彩阿拉伯文瓷碗 清

高6.2厘米，口径11.5厘米，底径5.8厘米

圆唇，敞口，腹壁弧曲渐内收，圈足。器壁较薄，胎质细腻。碗内素面，底印有一直径4.2厘米的红色圆形阿拉伯文印款，内容为清真言即："万物非主，唯有真主。"口外沿施一周红、蓝、绿三彩回形纹，上下用红色单线隔开。外腹壁黄釉铺底，并有四个圆形开光，内用红釉书写"万寿无疆"四个汉字，开光以外用粉红色的五瓣花卉和绿色的忍冬叶纹装饰。腹下至圈足用粉红、蓝、绿、黄彩的莲瓣纹装饰一周，足部不施彩釉。做工细致，釉彩艳丽，纹饰生动。

3-38　阿拉伯文铜洗　民国

高3.2厘米，口径10.5厘米，底径5.5厘米

方唇，敞口，深腹斜直，外壁为素面，内底向上凸起。

内壁压印阿拉伯文字样，内容为“信道的人们啊！没有买卖，没有友谊，不许说情的日子降临之前，你们当分舍你们的财产。不信道的人，确是不义的。”（《古兰经》2：254）

3-39 刻阿拉伯文铜盆 民国

高8厘米，口径31.5厘米

盘口，宽折沿，深腹，平底，沿及底部刻有阿拉伯文字样，盘中央的内容为“赞颂真主，超绝万物”，边缘内容为清真言。

3-40　鸳鸯银碟　民国

高2厘米，口径9.4厘米，底径5.7厘米

一组四件，为回族日常饮食用品。均为敞口，浅腹，平底，矮圈足。盘中间有一“S”形的隔片，内刻花卉图案。形制规整，工艺精湛，堪为回族家用器皿之代表。此组器物为洪维宗先生捐赠，系其家传之物。

3-41 錾花银碟 民国

高2厘米，口径8.5厘米，底径5.2厘米

一组四件。均为敞口，浅腹，平底，矮圈足。内底錾刻花卉纹，通体构思奇妙、雕刻细腻、制作精巧，是民国时期回族殷实之家的日常用品。

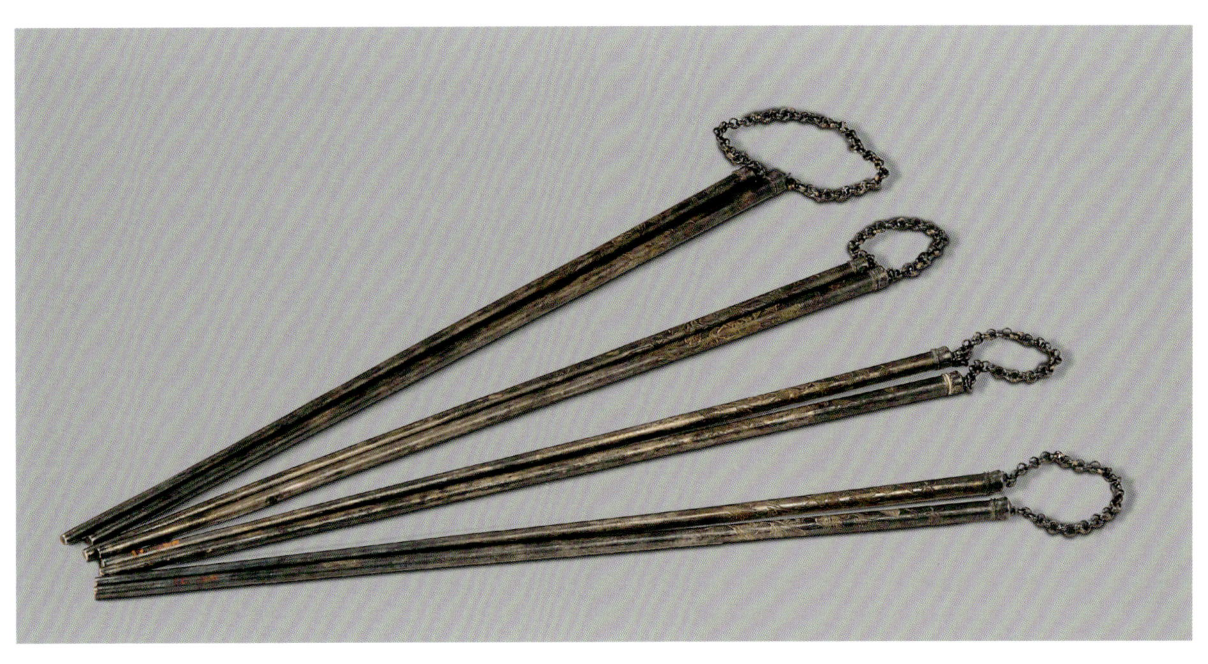

3-42 银筷 民国

长25.7厘米

回族日常饮食用品，圆柱形，顶粗末细。上半部分錾刻花卉纹饰，顶端用银链相串。此为洪维宗先生捐赠，系其家传之物。

3-43 牙签、耳勺和镊子银挂链 清

长约33厘米

通体由银链栓连，顶端多为圆环，中间配有铃铛等各种形状的饰件，下坠耳勺、镊子和牙签等。这是西北地区最常见的民间日常生活用品。

第四部分 陈设用品

回族家庭的陈设独具特色，主要集中在客厅，也就是正屋，又作为“堂屋”。这里不仅是招待客人的地方，同时还是回族家庭全家团圆和举办各种礼仪活动的场所。因此，传统的回族家庭非常重视布局陈设，一般进门正面的案桌上，中间有“炉瓶三设”，即香炉、香瓶、香盒，香瓶内插有香筷、香铲。有的在正中放经匣，装有《古兰经》等经典，旁边是花瓶、阿拉伯文铜盘或者电视机、收录机等现代家用电器等。回族有点香的习惯，多在清晨或者傍晚点燃苏合香、葩兰香，以保持房间空气清新。在回族家庭中，最有特色的装饰是用阿拉伯文或波斯文写成的匾额和挂盘，亦即“都阿宜”（意为祈祷），其内容以“太思米”和“清真言”等为主。在城市，“都阿宜”是回族家庭的标志，主人将“都阿宜”张贴或悬挂在门楣上，以表明自己是穆斯林。

4-1 刻阿拉伯文长方形木炕桌 晚清

长93厘米，宽46厘米，高26.5厘米

桌面呈长方形，铆榫相连，矮束腰。桌面板五拼，方材直腿，单横枨，脚头收束。桌面中间阴刻三组阿拉伯文字样，内填黄彩，两旁内容为清真言“万物非主，唯有真主”，中间为“穆罕默德，是真主的使者”。横牙条刻有倒叶纹。整体造型工艺简练而实用。这种长条桌是炕桌的一种，是清真寺里的阿訇、满拉学习经文时使用的，具有鲜明的民族和宗教特色。

炕桌作为西北民居中常见的主要家具，以正方形和长方形为多，尺寸约两尺见方，高则一尺左右，炕桌平时供主人家吃饭用，来客时，则往往是首先摆上炕桌，请客人上炕，坐于炕桌前，主人再端上盖碗茶、馓子、油香，款待客人。

宁夏南部地区回族家庭陈设场景

4-2 刻阿拉伯文长方形木炕桌 民国

长44厘米，宽31厘米，高25.5厘米

桌面呈长方形，攒框镶独木芯，铆榫相连，芯板阴刻有阿拉伯文，内容为“真主至大”；面沿、束腰素面无纹，直牙条雕出云纹，洼膛肚；方材直腿，上雕拐子纹。从制作工艺来看，阿拉伯文为后刻。

4-3　彩绘阿拉伯文方形木炕桌　民国

高22厘米，边长45厘米

桌面为正方形，攒框镶板，朱漆彩绘，上绘三组黄色的阿拉伯文，字样均呈团花形，内容分别是“赞美真主”、“真主至大”和“感赞真主”。无束腰，方材直腿，四面单横枨，直牙板透雕花果图案。通体髹红漆。

4-4 刻阿拉伯文木匾 民国

长97厘米，宽55厘米，厚3.5厘米

通体呈长方形，上边沿有两个穿孔，背面两端装挡条，正面刻有两行阿拉伯文，上行阴刻，内容为“太思米”；下行阳刻，内容为“清真言”，这是回族用来装饰的挂匾。

4-5　阿拉伯文木插屏　民国

长40厘米，宽39厘米，高22厘米

木屏为长方形，其下有底座，用凹槽插连，屏面内嵌有黄色的纸页，上用红、绿两色，印出阿拉伯文和汉文字样，阿文内容是描述穆罕默德的外表和四大哈里发的名字，汉文的朱笔楷书：“诸位教亲请放，清洁无污之处。”底座余塞板有镂空几何形图案，墩子厚重，站牙葫芦形。插座髹黑漆，插屏髹红漆。

4-6 阿拉伯文木插屏 民国

长23厘米，宽2.3厘米，高43.5厘米

木屏为纵长方形，其下为底座，有凹槽插连，底座余塞板刻有卷云纹，站牙卷草形，墩子厚重。屏面阴刻填黄彩的《古兰经》文，意为“真主是独一的主宰”。

4-7 阿拉伯文玻璃插屏 民国

长79厘米，宽23.8厘米，高72厘米

通体分玻璃镜和木支座两部分，长方形玻璃镜，红漆木边框，镜面中嵌有麦加天房、鸽子及阿拉伯文字样的彩色印画。文字的内容：上端分别是“赞颂真主”、“真主”和“真主所意欲的”，两侧为《古兰经》经文（2：254～255），四边角为“穆罕默德、阿里、哈桑、侯赛因”，红漆雕花木座，余塞板雕刻阿拉伯文“清真言”。

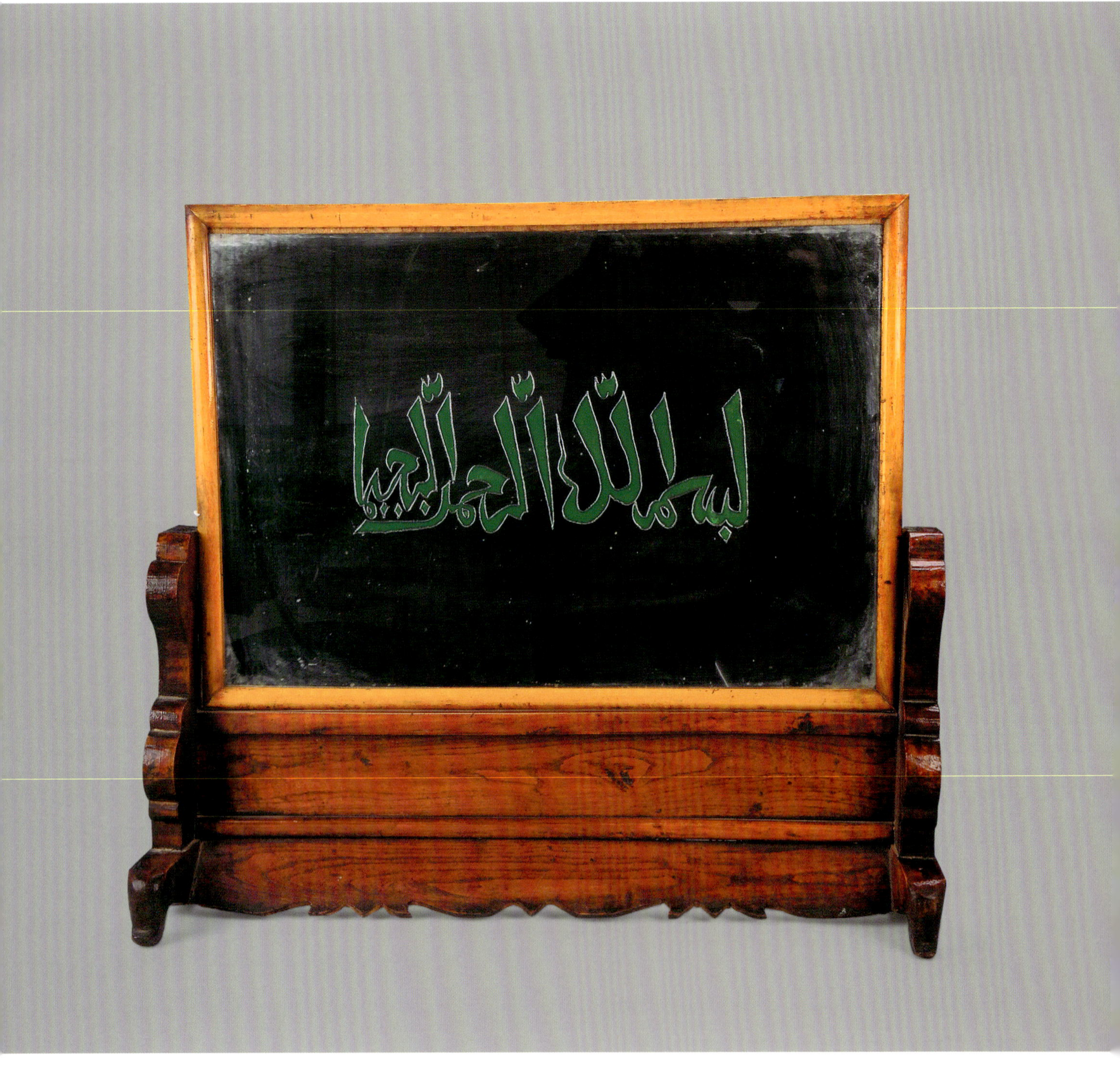

4-8 阿拉伯文玻璃插屏 民国

长69.7厘米，宽26厘米，高61.2厘米

通体分玻璃镜和木支座两部分，长方形玻璃镜，黄漆木边框，镜面中间为墨绿色的阿拉伯文“太思米”，红漆雕花木支座。余塞板光素无纹，披水牙板花边形。

4-9 彩绘阿拉伯文石榴纹玻璃插屏 民国

长47厘米，宽21.2厘米，高25厘米

通体分玻璃镜和木支座两部分，纵长方形玻璃镜，黑木边框，镜面中间用红、白、黄、蓝及棕色彩绘阿拉伯文字样组成的案几、盘子、石榴纹饰，内容为清真言、“真主啊”、“一切赞颂全归真主——全世界的养主”、“真主是我们的主宰。穆罕默德是我们的圣人”等，黑漆雕花木座，余塞板雕刻石榴、仙桃图案，披水牙板雕出束花图案。

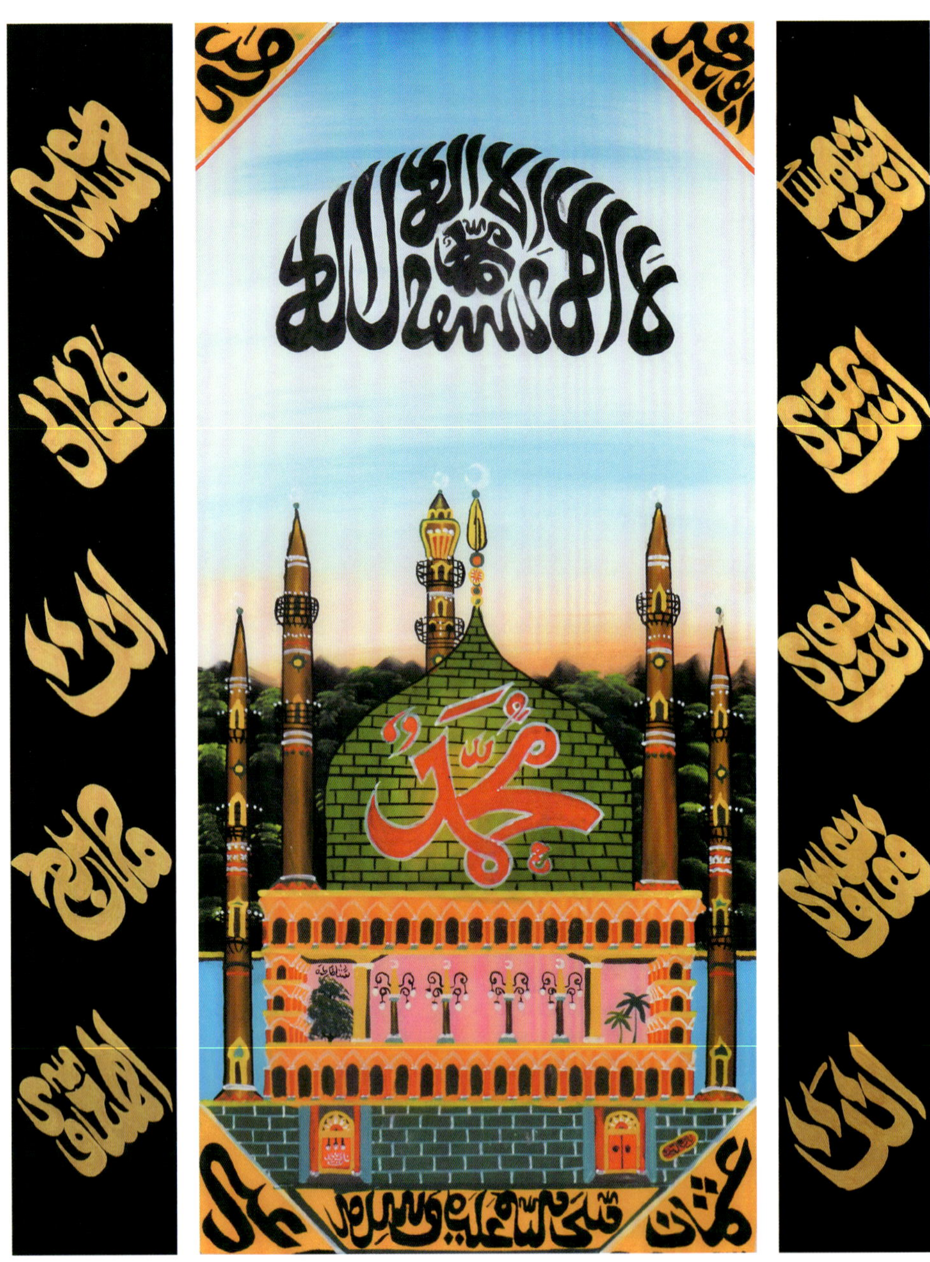

4-10 阿拉伯文玻璃中堂 现代

长103.5厘米，中堂宽54厘米，条幅宽23.8厘米

中堂彩绘阿拉伯文和圣寺图案，上端文字为“清真言”，中间为穆圣的名字“穆罕默德”，下端为“愿安拉祝福他并使他平安”，四角是四大哈里发的名字“艾布·伯克尔、欧默尔、奥斯曼、阿里”。对联黑绿底黄字，左联：“你是点金石和麝香，你是胸中的明灯”，右联“你是太阳，你是明月，你是光明，是光上之光”，四边镶有黄色的刻花木框。

玻璃画是在玻璃上用油彩、油漆和水粉等颜料绘制的图画，它利用玻璃的透明性，在着彩的另一面观赏，一般都要用镜框。回族玻璃画，题材多取自圣寺、几何花卉及阿拉伯文字等图案，色彩鲜明，具有很强的装饰性。

回族民居室内陈设

4-11 刻阿拉伯文木摆件 民国

高5厘米，直径53.5厘米

外形似玉璧，正反两面及中孔周围均刻有一圈阿拉伯文字样，内容为穆斯林代代相传的“七人一狗”的故事。

4-12　木香瓶　民国

高17.7厘米，口径6厘米，底径6.3厘米（左）；高20.4厘米，口径6.1厘米，底径6.2厘米（右）

左图为直桶形，直口，直腹，足为双棱底座。

右图为直桶形，口微敞，直腹下微收，底座宝瓶形。均为回族群众专门放香用的器具。

4-13 刻阿拉伯文长颈铜瓶 明

高15.8厘米，口径5.2厘米，腹径8.7厘米，底径5.8厘米

侈口，细长颈，圆鼓腹，小圈足。外口边沿刻有一周回纹，腹壁刻有两组阿拉伯文，内容为“赞颂真主，超绝万物”、“一切赞颂，全归真主”。

4-14 刻阿拉伯文长颈铜瓶 清

高14.5厘米，口径5.5厘米，腹径8.6厘米，底径6厘米

侈口，圆唇，外沿双棱，下有一圈回字纹饰，细长颈，鼓腹下垂，刻有两组珍珠纹为底的桃形开光阿拉伯文图案，内容为“一切赞颂，全归真主”、“赞颂安拉，超绝万物”，圈足外有一道凸弦纹。

4-15 刻阿拉伯文长颈铜瓶 清

高16.5厘米，口径5.2厘米，腹径9.5厘米，底径5.4厘米

侈口，细长颈，圆鼓腹，双棱圈足。腹部对称两面桃形开光里，阳刻有阿拉伯文，内容为“一切赞颂，全归真主”。珍珠底纹模糊不清。

4-16　刻阿拉伯文铜方瓶　明

高23厘米，口边长6.3厘米，腹边长8.5厘米，底边长6.8厘米

方口外侈，长颈，附云纹双耳，并刻有一周带状荷花纹饰，四棱鼓腹下垂，四面刻带有如意纹的阿拉伯文字样，内容是“感谢真主，真主是仁慈的、全聪的、至睿的”，方足外伸。

لا اله الا الله محمد رسول الله

4-17 阿拉伯文景泰蓝花瓶 清

高30厘米，口径8.2厘米，腹径13.5厘米，底径8.1厘米

盘口，长颈，圆肩，曲腹瘦长，圈足。外壁以浅蓝色衬底，装饰成各种深蓝色花叶图案。口沿下刻一周回纹，颈、腹部密布窄叶纹，足墙为一周仰莲纹。腹部对称有两个开光，内以湖蓝色衬底，有黄色阿拉伯文字样，内容为清真言。

4-18 阿拉伯文红莲瓷瓶 民国

高26厘米，口径9.5厘米，腹径13厘米，底径9厘米

侈口、长颈、圆肩，鼓腹渐收，假圈足略外撇。白釉底，套红彩釉，整体作描金缠枝莲花纹，外腹壁有一开光，中以墨绿釉书写阿拉伯文字样，内容为“真主是伟大的”，底边为一周如意纹。该瓶整体造型稳重大方，纹饰线条流畅，雅致美观。

4-19 阿拉伯文描金粉彩瓷瓶 近现代

高60厘米，口径19厘米，腹径26厘米，底径17.3厘米

盘口，长颈，溜肩，长曲腹，圈足，表面描金粉彩大团百花纹饰，腹部两面开光用红、绿、黄、黑等色绘出圣寺、天房图案，并有黑、绿彩阿拉伯文字样，内容为“伟大的真主和穆罕默德（愿真主赐福他）”。整体造型古朴，装饰繁缛，色彩艳丽，具有鲜明的回族文化特点。

4-20 阿拉伯文白釉盘口瓷瓶 现代

高61厘米，口径18.5厘米，腹径24厘米，底径16.5厘米

盘口，圆唇，长颈，溜肩，长曲腹，圈足。通体施白釉，口沿为黑色四瓣花纹饰，颈部及肩部纹饰分四层，自上而下分别为垂吊花叶、蕉叶及双重如意云头纹饰，腹部两面以红彩勾边绘出椭圆形开光，主题图案是五彩的天房和圣寺，并绘有红黑阿拉伯文字样，内容为“伟大的真主”和“穆罕默德（愿真主赐福他）”。开光外墨书纵写阿文、汉文各一组，内容为“清真言”。

万物非主唯有真主
穆罕默德是真主的钦差

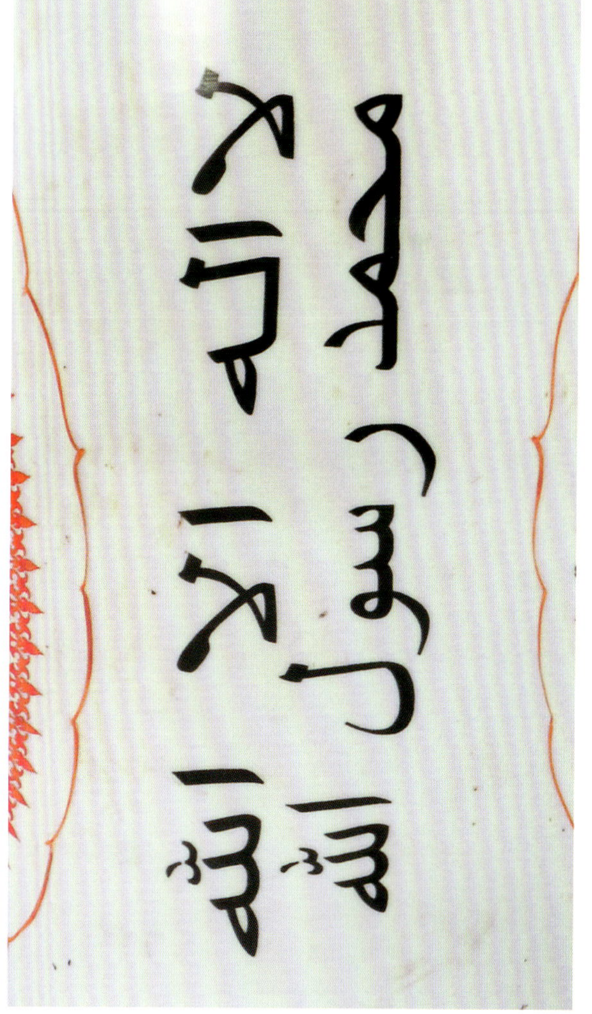

4-21　阿拉伯文红玻璃瓶　民国

高26厘米，口径9厘米，腹径12.5厘米，底径8.5厘米

侈口，束颈，鼓腹，矮圈足。腹壁饰有两面黑色的阿拉伯文字样，内容为“赞颂全归真主”和“吉祥归于真主”，口沿为黑色条带纹，足墙为黑色的海涛纹，底款为正方形，阳文篆书“乾隆年制”款。通体为红色，配以黑色的琉璃作装饰。

4-22　景泰蓝铜花插　清

高17.3厘米，口径8.6厘米，底径7.5厘米

大口外敞，细长颈，瘦长腹，盘形底座。口、底沿露红色铜胎，内壁施蓝釉。外壁为灰白色地，用红、蓝、黄、绿色珐琅釉料装饰成植物花卉纹，其余空间以褐色密集的螺旋纹填充，形成五彩绚丽的装饰效果，造型纤细。

4-23 银熏炉 清

高67厘米，腹径34厘米

一对，整体造型非常独特，形制相同，题刻内容有异。炉身分上、中、下三节，用子母口套接。上节如盖罐，侈口，矮束颈，圆肩，鼓腹，底中空为子口，腹饰一周云雷纹为底的夔龙纹。盖如圆饼，盖纽为小象驮瓶，寓意“太平有象”，象为圆雕，极具神采，背搭折枝花卉披毯，毯上置瓶；中节如鼓，贯通上下，器壁镂空成花果状，便于出烟；下节如圆鼎，子母口，直领出台，宽肩，扁鼓腹，圜底，三蹄形足，足与腹部铆接，上端如兽头，下端如兽爪。双耳为翘尾飞凤状，用螺栓与中、下节相联，既能装饰，又能加固炉身。肩饰一周花叶纹，腹饰一周夔龙纹，间以长方形开光，内镌刻楷书繁体：马太夫人六秩荣庆；隶书：贵寿无疆；楷书繁体：晚：马继德、余鼎铭、马斌、杨鸿寿、冯延铸、童耀华、叶森、李翰园、魏鸿发、苏连元、李云祥、任忠杰、海涛、马玉贵、马如龙、王敏悟敬祝。工艺亦十分精细，融铸造、抛光、镂空等多种工艺于一体，为当时回族上层人士所用。

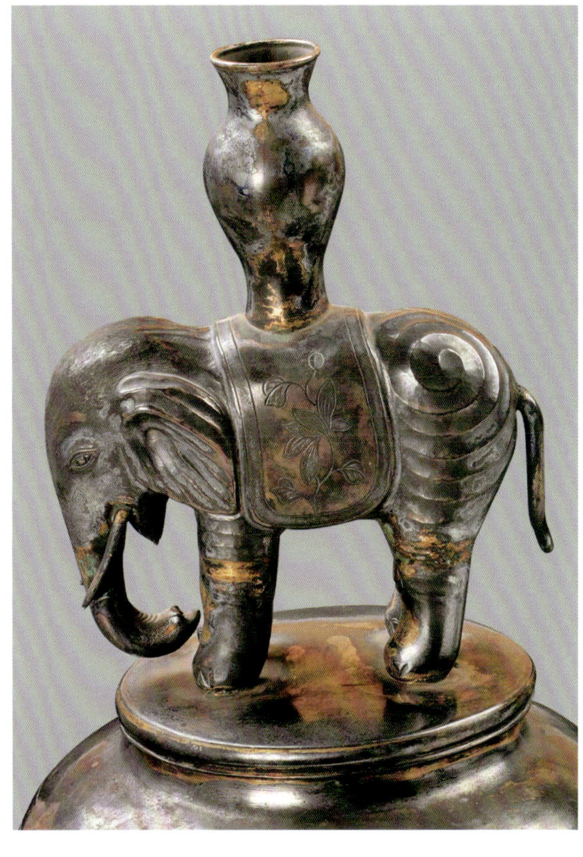

4-24 阿拉伯文八角铜挂盘 清

直径22.5厘米

通体呈八边形，边沿有一道弦纹，盘底为圆形，分为内外两区，外区是绞绳纹，内区为阿拉伯文，内容“太思米”。文字图案均采用了双钩嵌红铜工艺，内填深蓝色釉料，制作精美。

4-25 阿拉伯文镀金铜盘 民国

高1.5厘米，口径38厘米

圆形，宽沿卷边，腹极浅，大平底。内刻图案分为两层，均以细密珍珠纹为底，外层阿拉伯文字样，间以团花钱纹，中间为一圈串连的桃形花纹，内圈刻阿拉伯文及花卉纹饰。因字迹磨蚀严重，文字内容待识。整体图案繁缛，具有浓郁的阿拉伯风格。底部有黑色烟炱。

4-26 葵边錾刻阿拉伯文铜盘 民国

高3厘米，口径50厘米

通体为圆形，敞口，浅腹，大平底，花边为锤压而成。内部錾刻纹饰分三层，中心为阿拉伯文，内容为“这是我的养主的恩惠”，第二层有十组鸽子，外围为龛式鹿纹和人物图案，间以弦纹、联珠纹和串枝花卉相隔，背部有一穿。通体造型别致，图案繁缛奇特，具有鲜明的阿拉伯风格，此盘应为舶来品，是回族从中亚带到中国的。

4-27 葵边彩绘阿拉伯文铜盘 民国

高0.7厘米，口径18.9厘米

通体呈花瓣形，浅腹，平底。盘底为黑体阿拉伯文和五彩几何图形的贴纸印画，内容是“这是属于我的养主的恩惠”，外围模压两圈蝶形和花枝图案。

4-28 刻阿拉伯文铜盘 民国

高2.7厘米，口径33.8厘米

红铜质地，圆唇卷沿，平底，矮圈足。盘底周围是一圈凹槽，正中间刻有阿拉伯文，内容为："一切赞颂全归真主。"

4-29　彩绘阿拉伯文铜挂盘　现代

高1.5厘米，口径29厘米

圆形，外沿卷边，盘面图案分三圈，外圈是绿彩花卉纹饰，中间为有红、蓝、紫和绿四色花卉组成的花瓣，内层为黑底黄色阿拉伯文字样，上下俱配以花叶纹，内容为《古兰经》（第109、112、113、114章），整体图案花纹繁缛，色泽明亮，具有鲜明的阿拉伯风格。其文意为：

“你说：他是真主，是独一的主，真主是万物所仰赖的，他没有生产，也没有被生产，没有任何物可以做他的匹敌。”（《古兰经》112：1～4）

“你说：我求庇于曙光的主，免遭他所创造者的毒害；免遭黑夜笼罩时的毒害；免遭吹破坚决的主意者的毒害；免遭嫉妒者嫉妒时的毒害。”（《古兰经》113：1～5）

“你说：我求庇于世人的主宰，世人的君王，世人的神明，免遭潜伏的教唆者的毒害，他在世人的胸中教唆，他是属于精灵和人类的。”（《古兰经》114：1～6）

“你说：不信道的人们啊！我不崇拜你们所崇拜的，你们也不崇拜我所崇拜的；我不会崇拜你们所崇拜的，你们也不会崇拜我所崇拜的；你们有你们的报应，我也有我的报应。”（《古兰经》109：1～5）

4-30 彩绘阿拉伯文铜挂盘 现代

高1.2厘米，口径29.5厘米

圆形，外沿卷边，浅腹，盘面图案分两层，外层为红蓝地黄线条花卉图案，内层为绿地树叶纹，每一个叶片中均有阿拉伯文字样，其内容为真主的九十九个美名。

4-31 刻阿拉伯文铜盘 现代

高3.5厘米，口径24.5厘米

通体为圆形，盘内用细线阴刻，周边为花卉图案，中间刻有阿拉伯文，内容为太思米、安拉、穆罕默德、清真言，间刻花叶。此物是回族朝觐带回的舶来品。

4-32 阿拉伯文圣寺图景泰蓝铜盘 现代

高1.8厘米，口径25.8厘米

圆形，口沿外缘露胎，盘内外为浅绿色云纹地，内底用浅蓝色装饰圣寺穹顶图案，上有阿拉伯文，内容为“穆罕默德（愿安拉赐福他）”。

4-33 阿拉伯文描金蓝釉瓷盘 现代

高3.7厘米，口径30.6厘米

圆形，口沿、外壁及盘内均施蓝色釉，盘内开光有四组花形图案，分别为麦加天房、麦地那圣寺、耶路撒冷远寺图案，周围为红色花边，中心及间隔处描金书写阿拉伯文字样，内容是“真主必定无限量地供给他所意欲的人”、“真主对万事是全能的”和“真主同忍耐者同在”等。边沿为一圈绿釉底，上有描金书写两圈阿拉伯文，为真主的九十九个美名，间以红色的圆点，从制作工艺看，此盘为南亚地区所产，后经回族通过朝觐、通商等渠道而流入本地。

宝石蓝和金色是阿拉伯图案花饰中较为常见的颜色，象征着崇高，精美的书体配以宝蓝、红色的图案花纹，再加以描金点缀，整体效果更加富丽堂皇，曼妙多姿。

4-34　彩绘阿拉伯文牛皮墩箱　民国

长82厘米，宽49厘米，高34.4厘米

通体呈长方形，子母口，内贴纸，外表髹红漆，两侧有铜质的把手，正面中间有一正方形的红漆方块，上镶铜扣，并有一半月形铜把手，下为花形的铜锁扣。箱的顶面和正面均绘有绿色的阿拉伯文字样，顶面为“经箱子”，正面左边为“穆罕默德”、中间为清真言、右边为“真主”。

الله
محمد

4-35 刻阿拉伯文瓷脉枕 民国

长20.5厘米，宽12厘米，高15厘米

长方体，中空，通体施白釉，上下圈纹内彩绘牡丹花叶纹饰，前后两面各刻有一组黑色阿拉伯文字样，边沿为蓝色弦纹及绿色回纹装饰，两侧面镂空成钱纹。此物是中医把脉时枕腕所用。

4-36　刻阿拉伯文陶枕　民国

长约24.5厘米，宽约9.8厘米，高约12.5厘米

灰陶质地，通体为梯形，中空，顶面呈凹弧形，表面刻有花卉图案及阿拉伯文，内容为“吉祥的斋月”、“赞美真主”、“礼拜已开始”和“真主至大”。这是民国时期典型的回族日常用品。

4-37 模压阿拉伯文铜饰牌 现代

直径1.9～2.8厘米

白铜质地，锤压而成，环纽圆面，正反两面均模压有阿拉伯文，正面内容为清真言，背面字迹不清，环纽由两道凹棱带状条焊接而成。此物应是某一物件上的装饰品。

4-38 刻阿拉伯文方砖 民国

边长31.5厘米，厚7厘米

通体呈正方形，灰黄色，中间为一圆圈，内阴印阿拉伯文字样，内容待识，四角阴印花叶纹饰。

4-39 刻阿拉伯文方砖 民国

长31.5厘米，宽30.5厘米，厚5厘米

通体呈正方形，浅灰色，周边阴刻有两道弦纹，内用细线阴刻两行阿拉伯文“求护词”（我祈求真主护佑，免遭被驱逐的恶魔的伤害）和“太思米”。

4-40 清真寺照壁砖雕 清

砖雕是西北地区颇具特色的民间工艺。在宁夏回族建筑中有着十分重要的作用和地位，它主要用于清真寺、拱北和民居建筑中门楼、照壁、窗棂等外部墙面上的装饰，内容题材多为花卉、《古兰经》经文、几何博古图案，整体风格古朴典雅，浑厚大气，显示出了独特的艺术魅力。

此为宁夏回族自治区同心县清真寺大殿旁的竹石、博古及荷花砖雕。其中左图竹林疏朗挺拔；中间博古图繁缛富丽；右图荷塘芦草摇曳生恣，不同的艺术氛围完美地结合在一起，产生奇特的视觉冲击力。该建筑将我国传统木结构建筑艺术和富有伊斯兰教艺术特色的装饰融为一体，是宁夏现存历史最久、规模最大的一座清真寺。相传建于明朝初年，从照壁、礼拜殿脊檩处墨书题记看，清乾隆五十六年（1791年）和光绪三十三年（1907年）曾两次重修，其砖雕作品全部是青砖磨缝拼接，浑然天成，刀法细腻，构图精美，具有很强的西北地区特色。

第五部分 书画艺术

回族书画艺术源远流长，自元代以来曾涌现出许多大家和精品。这些回族书画家工写兼济、各具神采，书法法古创新、诸体皆备，同时，独特的阿拉伯文书法，更显示出鲜明的民族特色，对于中国传统书画艺术的传承和弘扬，以及丰富中华民族文化艺术做出了十分重要的贡献。

阿拉伯书法在传入中国后，逐渐与中国传统的书画艺术相结合，通过吸收汉字书法艺术的优长，从用笔、用墨、用纸，到书写手法、表现形式、布局安排、装帧艺术等各个方面都有了变化，这使得阿拉伯书法既保持了其固有的内涵，又增添新的表现手法，形成了具有中国风格的阿拉伯书法体。

宁夏回族素有书写阿拉伯文的习惯，既用于宗教活动，也在家中张贴阿拉伯文书法作品，内容多为太思米、清真言、作证词、《古兰经》经文等，张贴或雕刻在伊斯兰建筑及清真寺大殿内外、四壁、拱门顶部，书体主要有库法体、三一体、行书体、公文体、波斯体等，其中库法体运用最为广泛，字里行间，主要以线条为主，饰以各种花草的枝、叶、茎、花于一体，做到字中有画，画中有字，同时还有用阿文组成的汉字，如“忠”、“孝”、“节”、“义”等，给人一种整体的造型美。另外，在宁夏回族聚居区，还流行一种阿文木印版，它是将阿文按不同的内容刻在木版上，然后再按一定的顺序排版拓印、装裱，挂在正堂。这充分显示了回族穆斯林对宗教信仰的重视和虔诚。

5-1　阿拉伯文描金六条屏　明

纵208厘米，横52厘米

绢本，设色。

深藏蓝色锦缎，由金粉、香料、水银等调和为泥金，从右至左书写，一气呵成。其内容大意是：

（1）奉普慈特慈的真主之名。赞美真主，是他创造了人，并教人修辞，以便了解真理，接受法规，坚持敬拜真主，令行禁止。祝福真主的使者穆罕穆德——众圣贤的榜样，是创造人并教人修辞的真主保护着他的荣誉。

（2）祝福穆圣的家人及杰出的圣门弟子。此文是为一位血统纯正高贵之人而撰写的，他的名字叫陶泽恩。他的祖爷是一位大阿訇，爷爷是位知识渊博的教师，曾在当地一所清真寺授课。

（3）父亲是兄弟四人中的老大。他长期坚守拜功、斋戒，建清真寺，盖学校，维护美化清真

寺，信仰虔诚，知识面广，坚守拜功和斋戒。

（4）本人积极向上，人人敬仰，坚守圣教，心地善良，聪慧开朗，因此真主赐福今世万事如意，生意兴隆。

（5）本人有五个孩子，其中老二先本人而去世，老三、老四、老五年龄尚小，老大就挑起了生活的重担，他坚守拜功、斋戒，深受阿訇和满拉的尊敬，承担学校的开支，这些善行被后人广为流传。

（6）他的家人、亲戚、朋友在他百日之际，十分想念他，故撰写此文纪念其美德和影响，愿真主宽恕他们，阿敏。

这幅作品的作者已无从考证，但肯定是一位虔诚的且阿文书法造诣很深的穆斯林。其时代应为明朝回族大发展时期，整幅作品庄严俊美，既是一件不可多得的阿文书法珍品，也是民族文化交流的重要物证。

5-2　改琦四季美人条屏　清

纵93厘米，横20厘米

改琦（1773～1828年）是清朝著名的人物画家。字伯蕴，号香白，又号七芗、七香，别名颇多，其先祖为西域人，信奉伊斯兰教，后侨居松江。精画仕女，形象纤细俊秀，创造了清后期仕女画的典型风貌，同时亦擅山水、花草等。

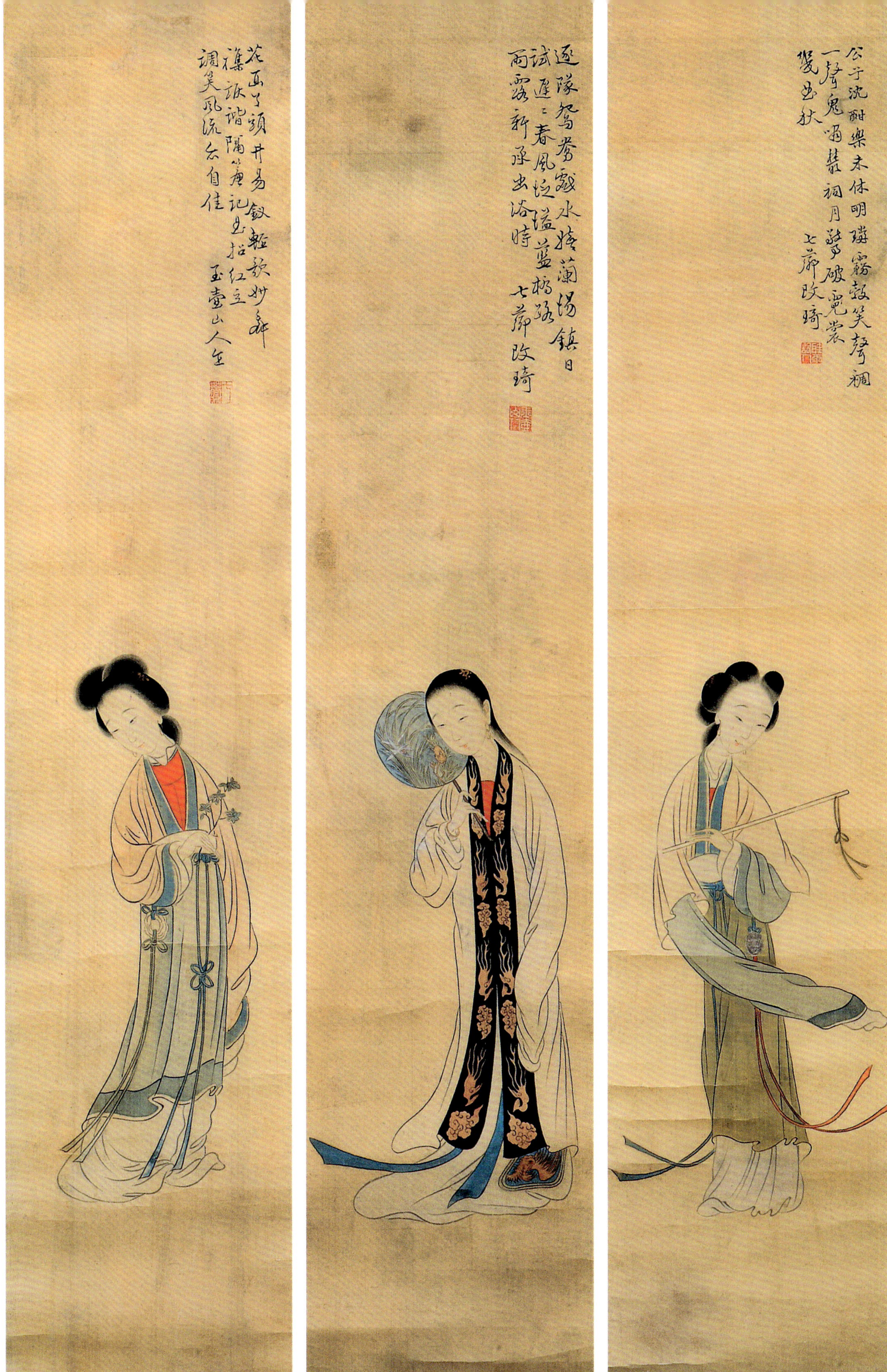

5-3 改琦兰竹图立轴 清

纵213厘米，横49.5厘米

绢本，墨笔。

5-4 改琦御园瑞蔬图立轴 清

纵228厘米，横67.5厘米

绢本，设色。

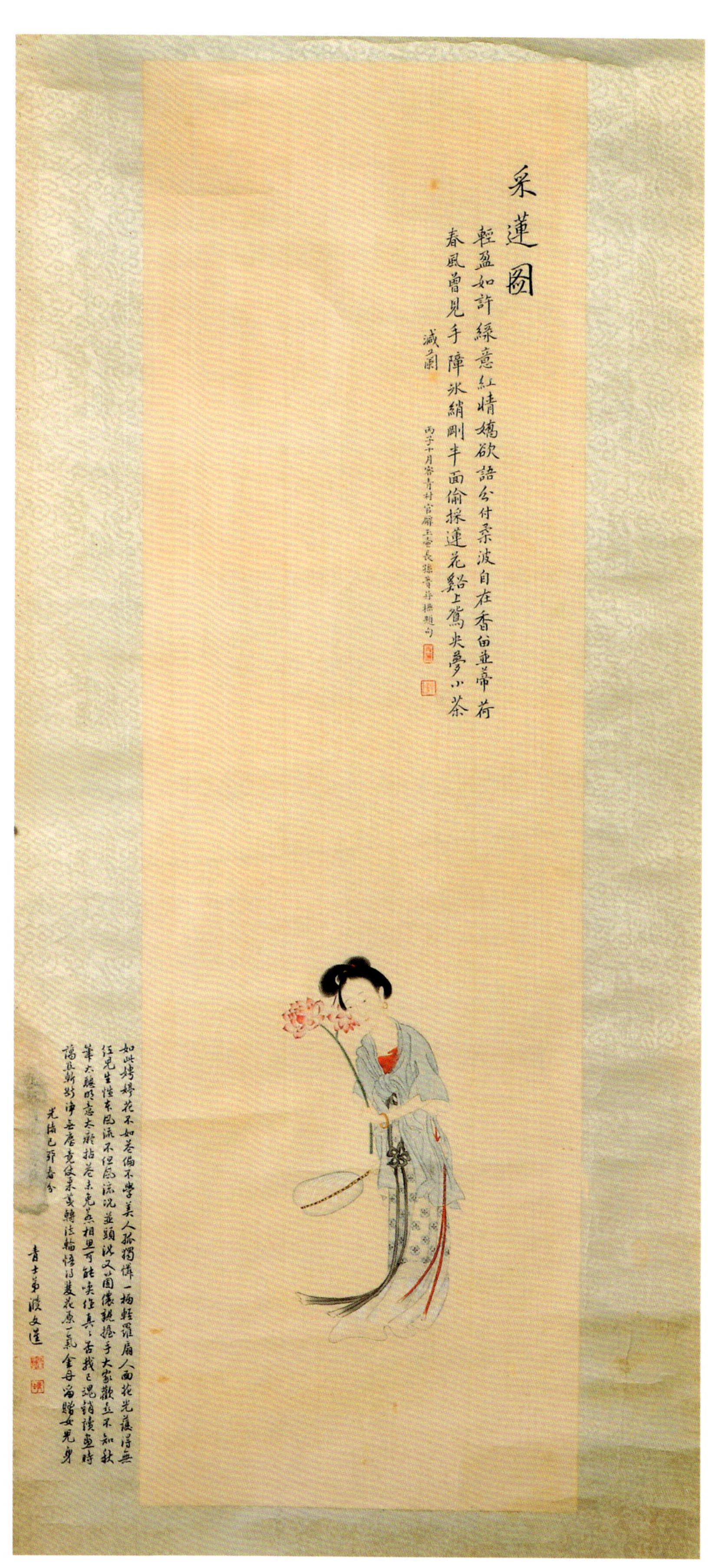

5-5　改篑采莲图　清

纵238厘米，横50厘米

绢本，设色。

改篑，改琦子。字再芗，家松江（今属上海）。精鉴赏，花卉能承家学，间作仕女，亦有父风。

5-6 马虎臣仙鹤图立轴 清

纵208厘米，横64厘米

纸本，设色。

马虎臣（1825～1898年），名文炳，字虎臣，号正山道人、五泉髯叟，兰州人，回族。爱绘画，其花鸟画取法八大山人、石涛、李复堂，用笔兼工带写，人物造型传神，尤善写意墨牡丹。

5-7 马福祥“虎”字草书立轴 民国

纵226厘米，横80厘米

纸本，墨笔。

马福祥（1876～1936年），字云亭，回族，世居临夏县韩集阳洼山，为马千龄四子，马鸿逵的父亲，历任宁夏镇总兵、西北边防会办、国民党中央执行候补委员和国民党政府委员、北平政治分会委员、开封政治分会委员、水利委员会委员、赈务委员会委员、编遣委员会委员、故宫博物院理事、蒙藏委员会副委员会长等职。在宁期间，马福祥大力提倡民族团结，注重提高少数民族文化素质，在维护当时宁夏乃至西北地区社会稳定、支持发展回族文化教育等方面作出了贡献。

马福祥曾在清真寺学习阿拉伯文，后入私塾读《四书》、《五经》等，博览群书，摹习名人法帖，其书法如人，谨守法度，刚劲有力。

5-8　马瑞图花卉四条屏　民国

纵109.5厘米，横57厘米

纸本，设色。

马瑞图（1896～1945年），中国近代伊斯兰教学者、阿訇，名玉龙，经名奥斯曼，云南省玉溪县龙门乡大营人，自幼学习伊斯兰经典，并长期自修汉文，兼习绘画书法。

5-9 阿拉伯文对联 民国

纵177厘米，横55.5厘米

纸本，墨笔。

内容是“教乘蕴含今后两世幸福之全部，道乘和真乘秉承教乘高深与精髓”。

钤印三方，印文不清。

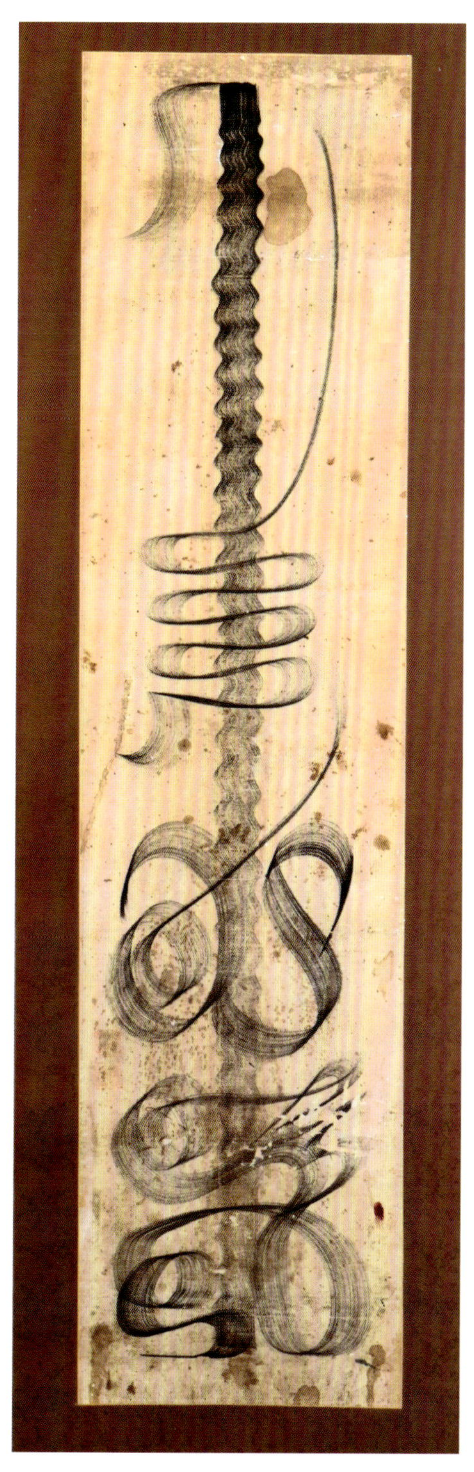
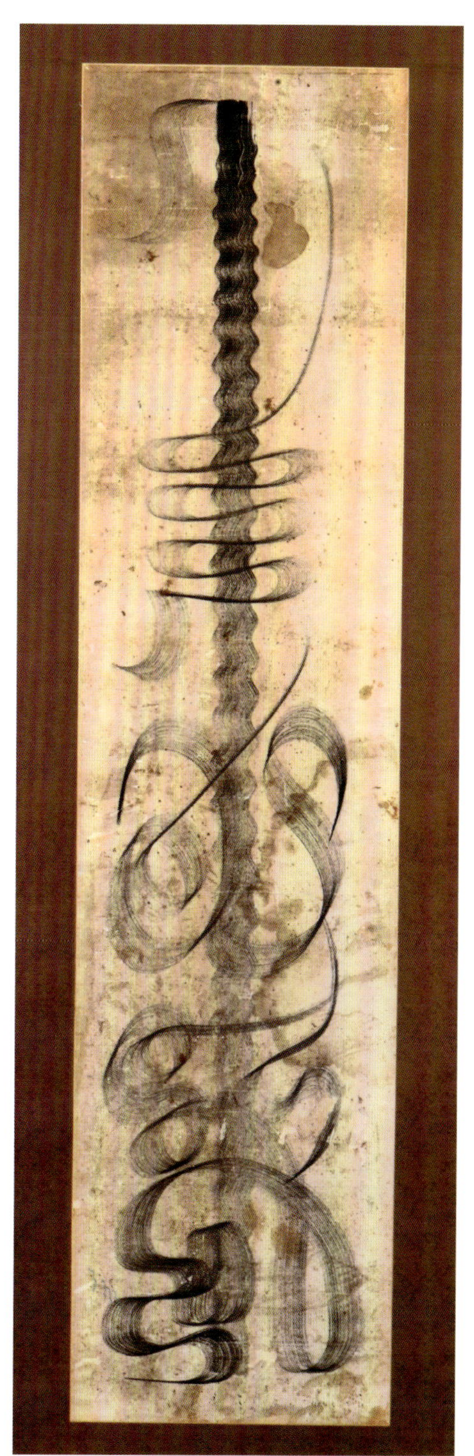

5-10　阿拉伯文赞词对联　民国

纵202厘米，横47厘米

纸本，墨笔。

内容待定。

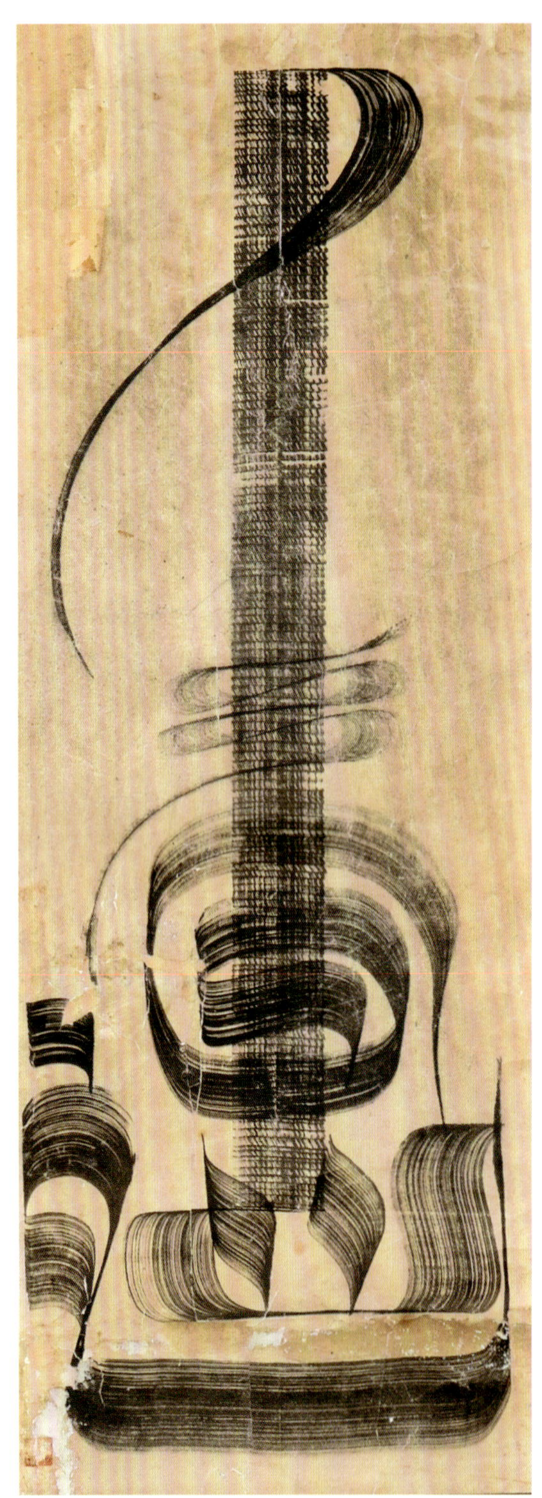

5-11 阿拉伯文对联 民国

画心纵103厘米，横37.5厘米

纸本，墨笔。
内容待定。左下角钤印各一方，文不可识。

5-12　阿拉伯文中堂　民国

中堂纵152厘米，横62厘米，条幅纵152厘米，横30厘米

纸本，墨笔。

中堂、对联各钤方印两枚，文不可辨。中堂内容为“被选择者（指穆罕默德）啊！”，左联为“赞颂支配供给而不忘却任何一人的真主超绝万物”；右联为“赞颂造化万物并知晓其数目的真主超绝万物”。

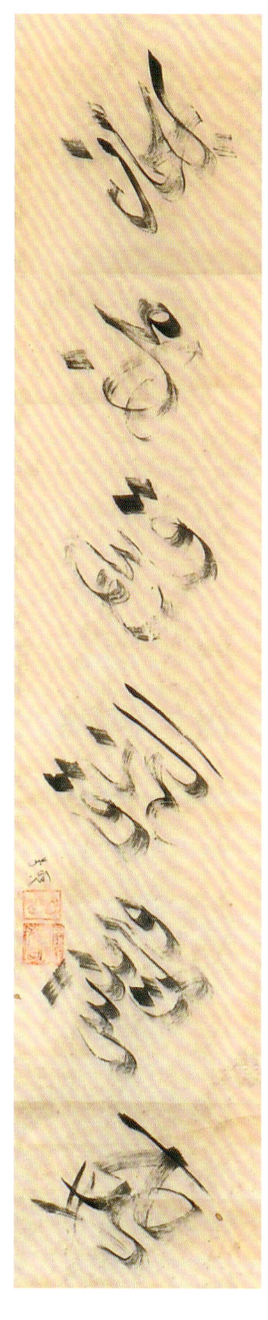

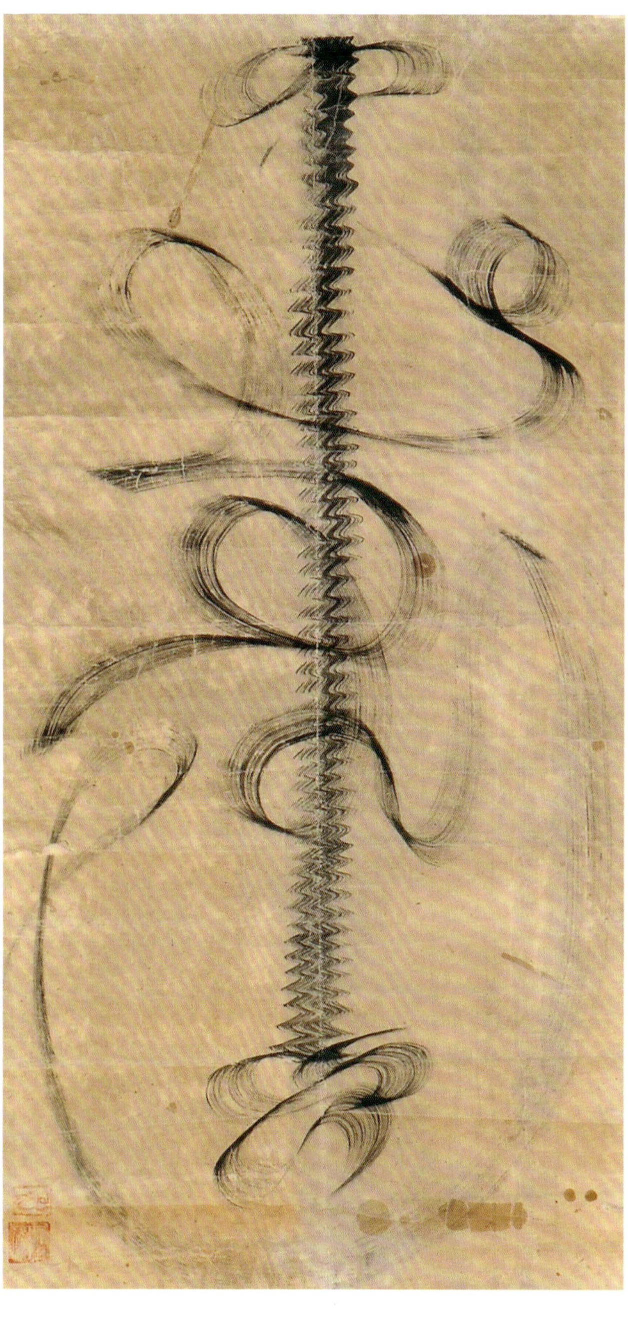

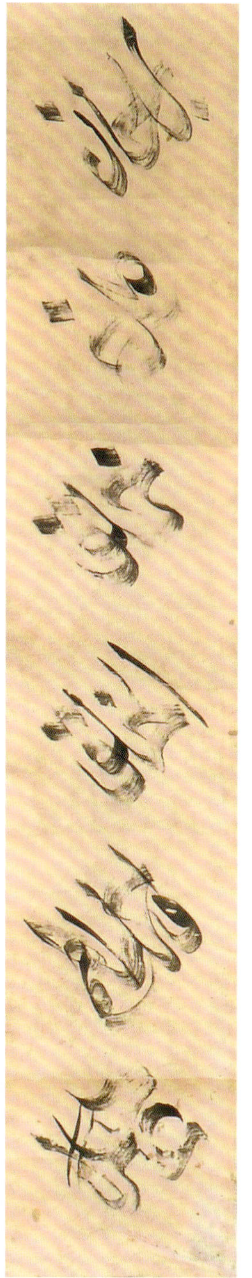

5-13　马荃阿拉伯文横幅　现代

纵114厘米，横84厘米

纸本，墨笔。

钤朱文方印一枚。书写内容为赞圣词：“请你祝福‘穆斯托发’（穆罕默德）吧！”

5-14 马全恕阿拉伯文横幅 现代

纵76厘米，横171厘米

纸本，墨笔。

作者经名是“麦思欧迪”。两方钤印模糊难辨。书写内容是“紧抓它，紧咬不放”。

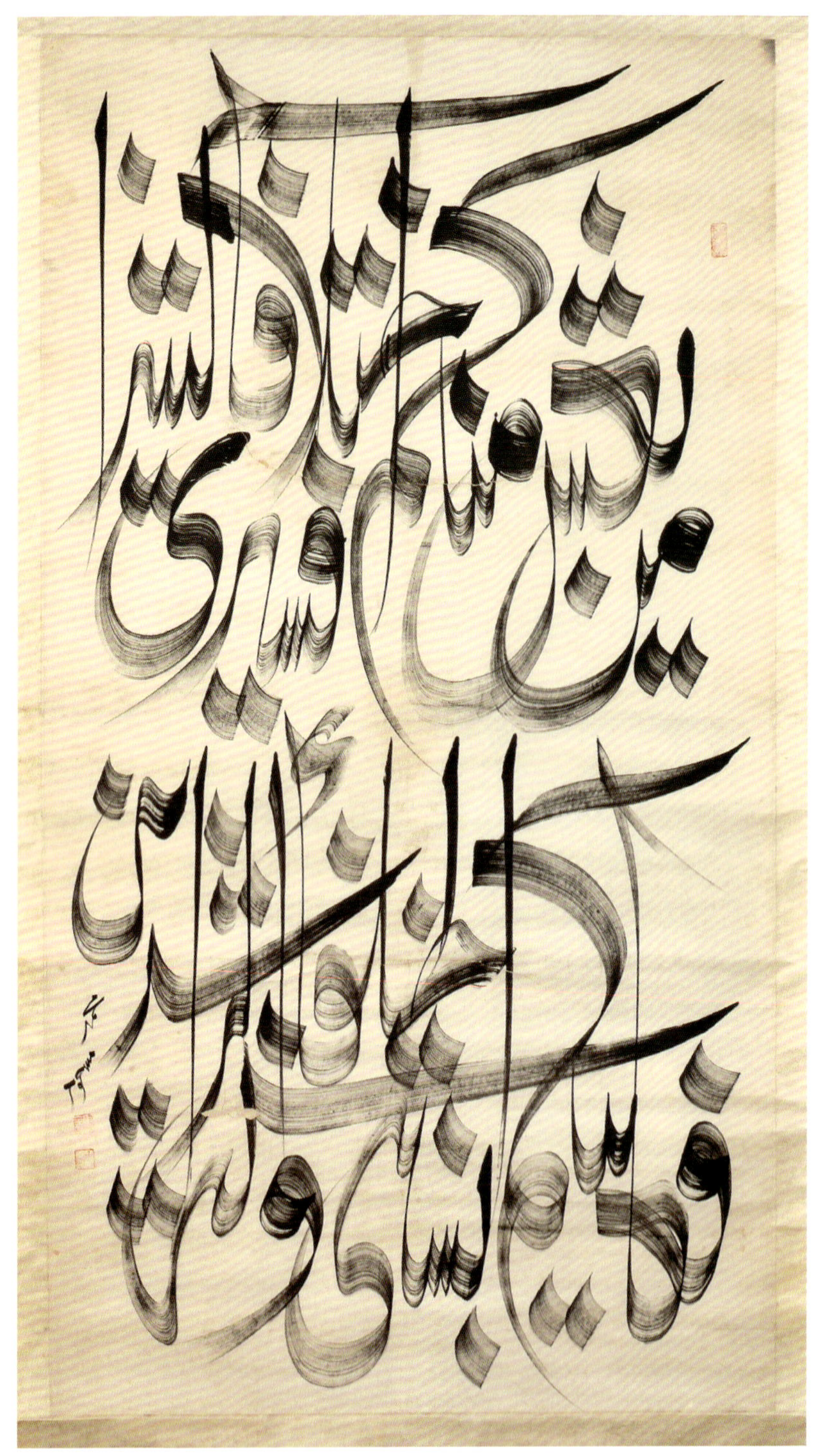

5-15 马全恕阿拉伯文立轴 现代

纵224厘米，横89厘米

纸本，墨笔。

钤印三方，印文待识。作者待识“穆罕默德·麦斯欧迪”。书写内容为“你们中谁活着，将目睹很多分歧，你们就应遵循我的圣行和正统哈里发的行为准则”。

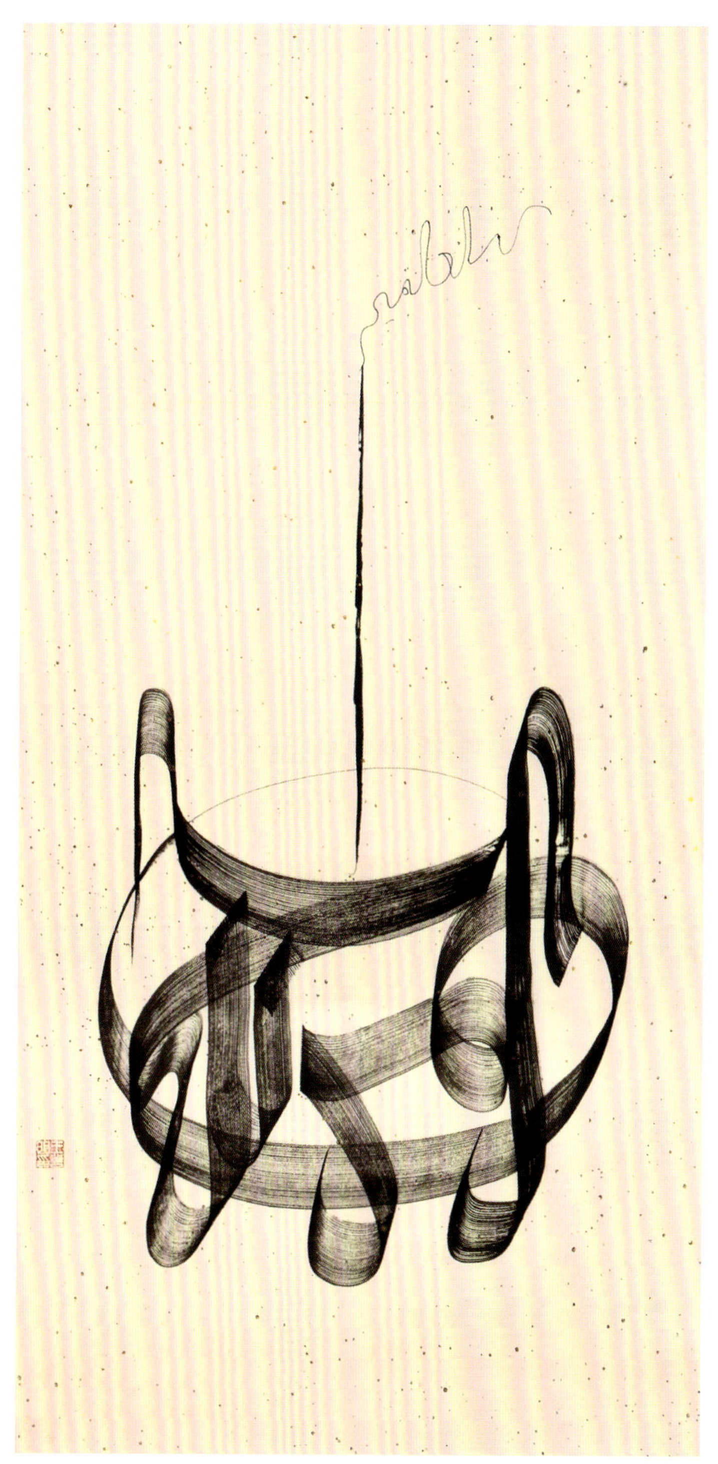

5-16　王善命阿拉伯文立轴　现代

纵180厘米，横74厘米

纸本，墨笔。

钤“王善命”白文方印一枚。书写字形呈一个香炉的图案，内容是“一切赞颂全归真主，全世界的主”（《古兰经》1：1）。

5-17 曾杏绯《牡丹图》横幅 现代

纵153厘米，横70.5厘米

纸本，设色。

曾杏绯，女，回族，1911年生，原籍江苏常州市。在宁夏银川工作和生活六十余年，从画八十余年，以工笔没骨花卉见长，尤其擅画牡丹。作品参加全国第三、四、五、六、八届美展和《百年中国画大展》，并收入人民美术出版社出版的《中国女画家作品选》、《中国当代女美术家作品选》等大型画册，被中国美术馆、中南海、毛主席纪念堂、周总理、宋庆龄纪念馆及多省博物馆收藏。

曾杏绯女士正在作画

纸本，设色。

5-18 阿拉伯文花卉四条屏 现代

纵158厘米，横26厘米

纸本，设色。

每幅随形钤印各一方，印文待识。上半部分为阿拉伯文“太思米”，以下内容均为清真言和赞

圣词，中间以中国工笔和写意画技法为基础，绘出梅、兰、竹、菊四君子图及牡丹、荷花、水仙等图案。梅兰竹菊是汉族所喜爱的花卉，它们分别具有文化上的美好寓意，如竹代表坚贞高洁，兰花代表品德淡泊高雅，荷花代表出污泥而不染，牡丹则象征着雍容华贵。这些植物出现在回族书画上，反映出回族受汉族文化影响，他们长期与汉族和其他少数民族杂居，不断学习当地民族的优秀文化，并加以吸收、改造，为本民族所利用。这组书画是典型的伊斯兰文化和汉文化的合璧之作。

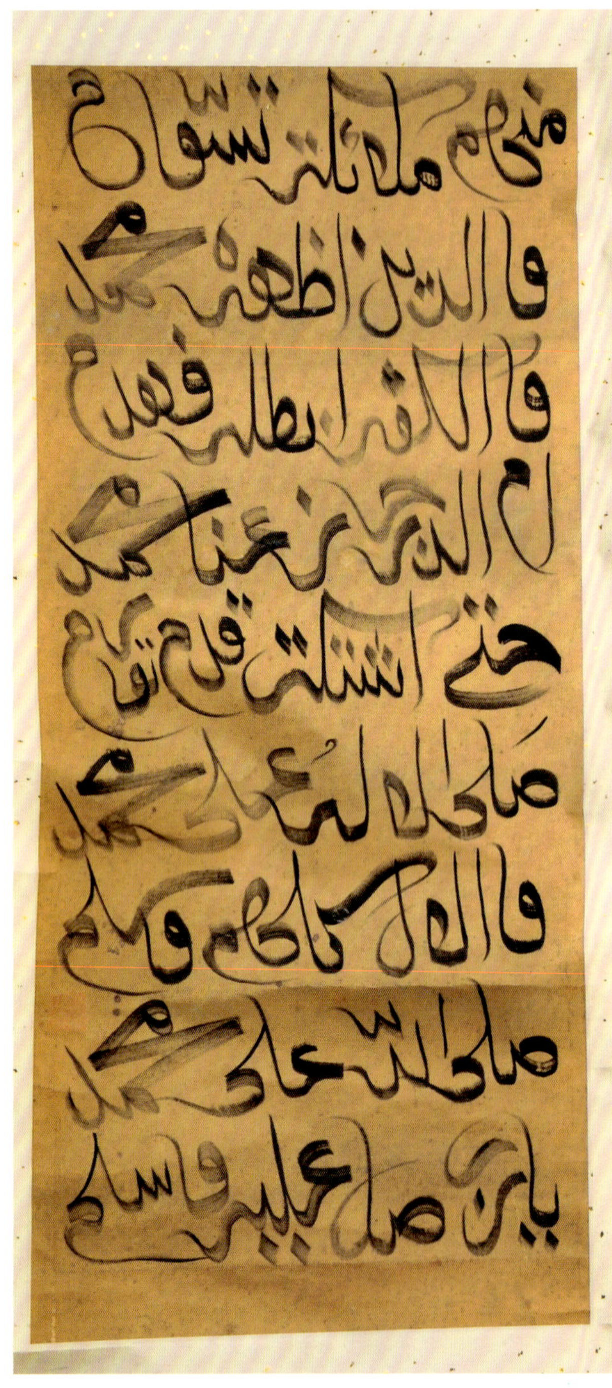

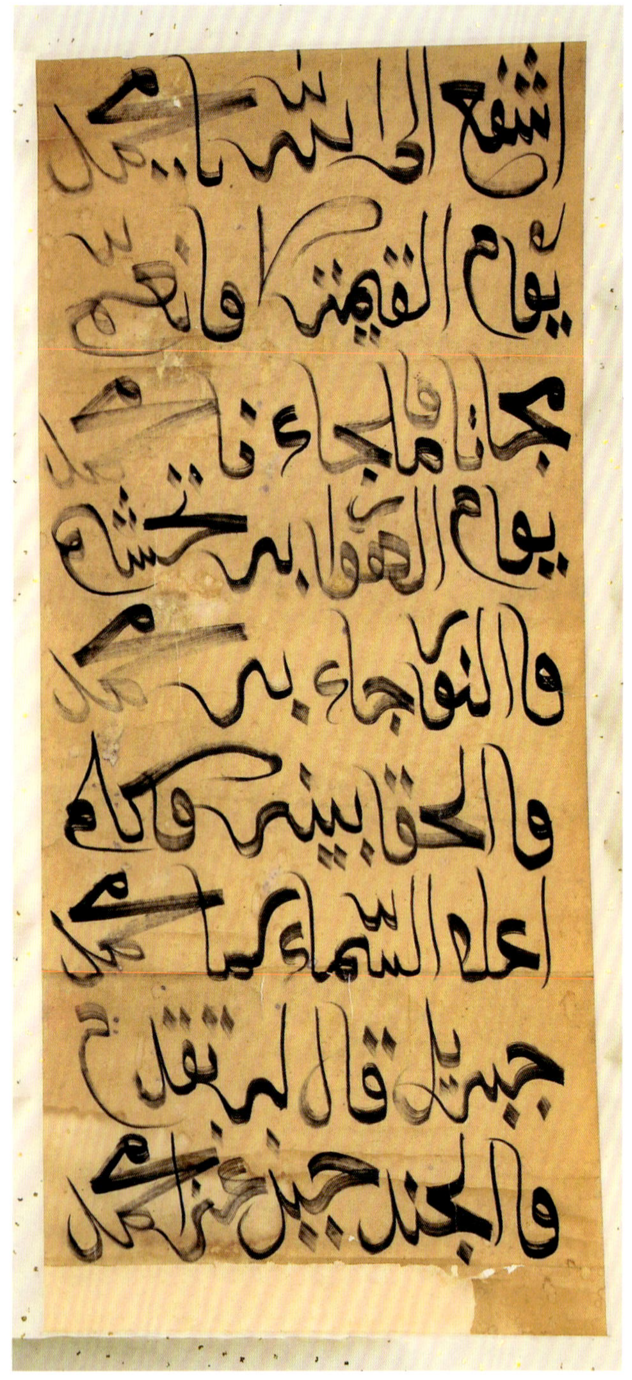

5-19 阿拉伯文四条屏 近现代

纵158厘米，横58厘米

纸本，墨笔。

四轴钤印各一方，印文模糊。书写内容是“对领袖穆罕默德的热爱，正道的圆月放射着光辉是完美的标志，我缅怀穆圣的心久久难以平静，如痴如醉，除穆圣外我不爱任何人，他是使者的楷模，是受人尊敬的先知，仰慕者对穆圣的渴望总是百感交集万丝千缕，复活日救度我们的人只是穆圣，使众教生免于刑罚，穆圣我们的领袖出生的宝地是首都大城，当穆圣登宵、近临他的主人之际

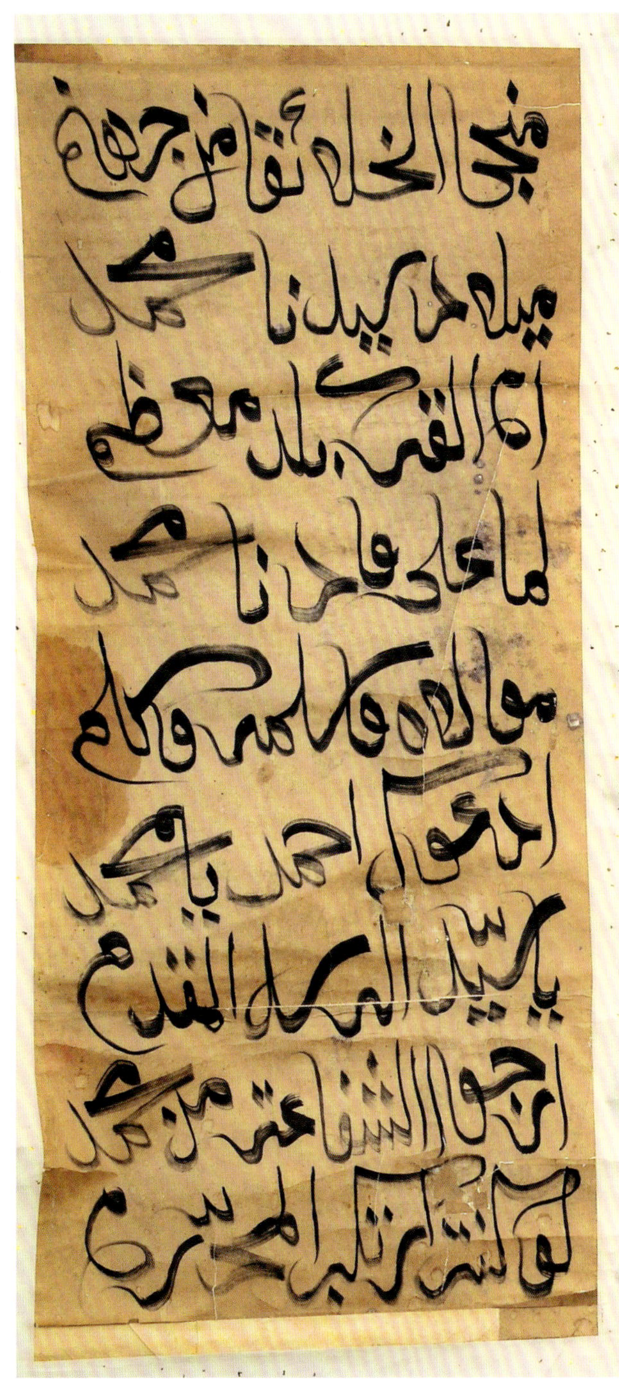

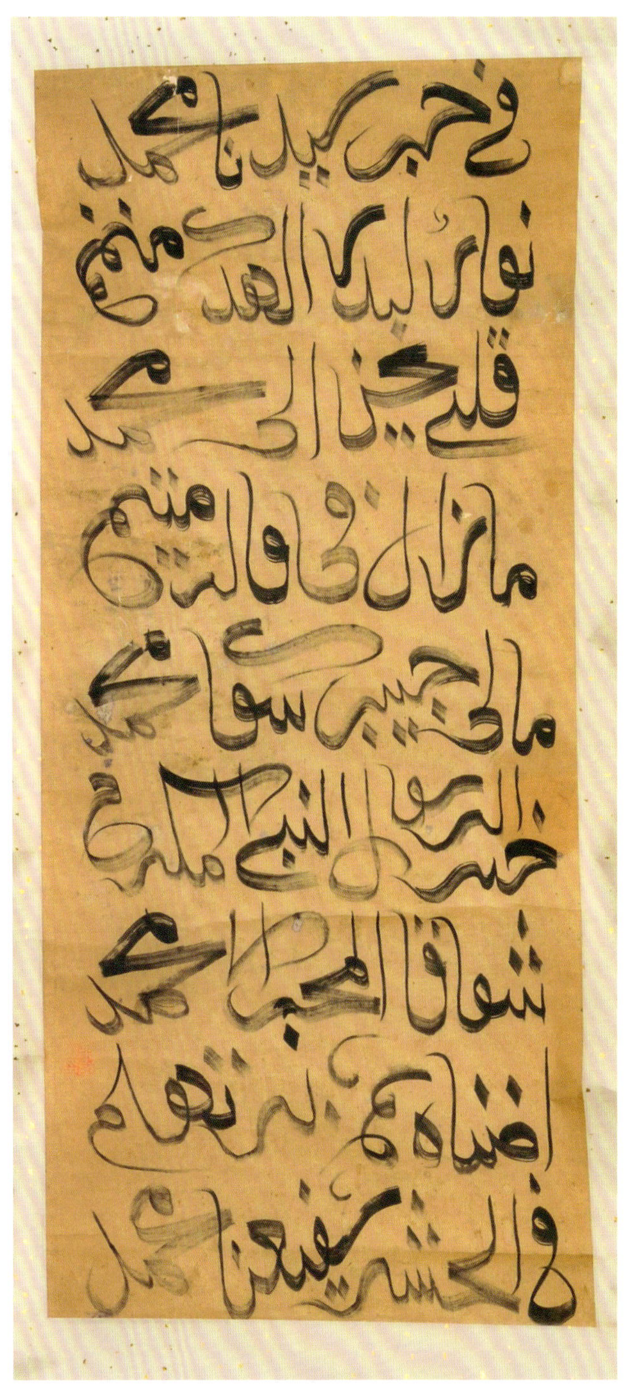

与他至近交谈之际，啊，穆罕默德，我叫你——艾哈麦德（受人赞颂者），啊！众使者的领袖，若我违犯了禁戒，我指望穆圣的救度”。

“穆圣啊，复活日近主跟前，你拯救我，恩赐于我，我们得脱离之际，我们得庇护之际，只有你穆罕默德，清算日使我们免于卑贱、羞耻，光明伴随穆圣而来，真理是他阐明言辞，天之最高处穆罕默德已登临，哲布勒利天使对他说：你前行训示，穆罕默德征发的军队，有天仙在高举旗帜，宗教是穆罕默德在坚持发展，悖逆因他的驳斥而惨败，穆圣曾与我们同行，直到脚痛肿胀，愿真主赐福穆圣及其全体家属并使他们平安。主啊！求你赐福并使他平安。”

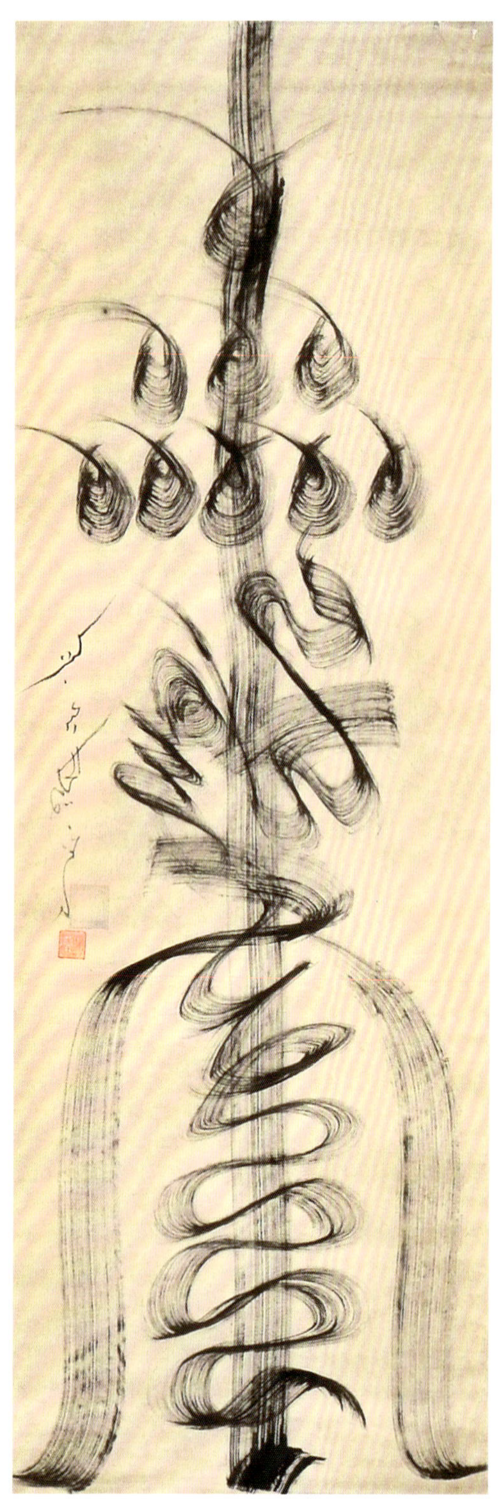

5-20 阿拉伯文四条屏 现代

纵105厘米，横36.5厘米

纸本，墨笔。

每幅钤印各一方，文不可辨。书写内容待识。

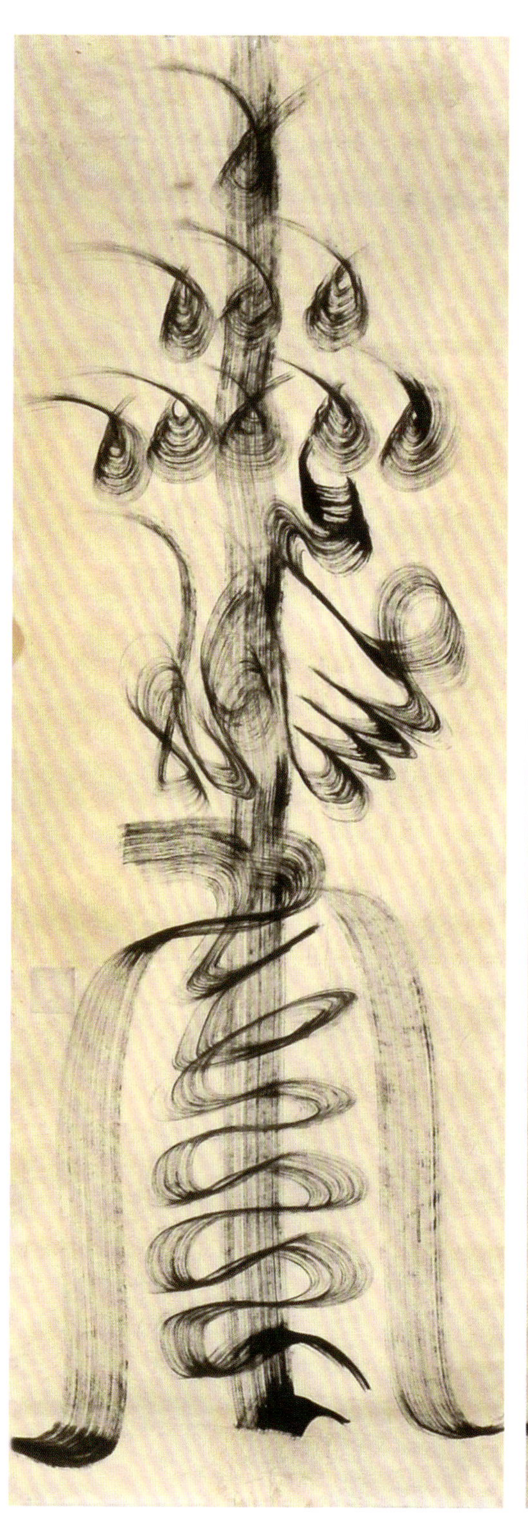

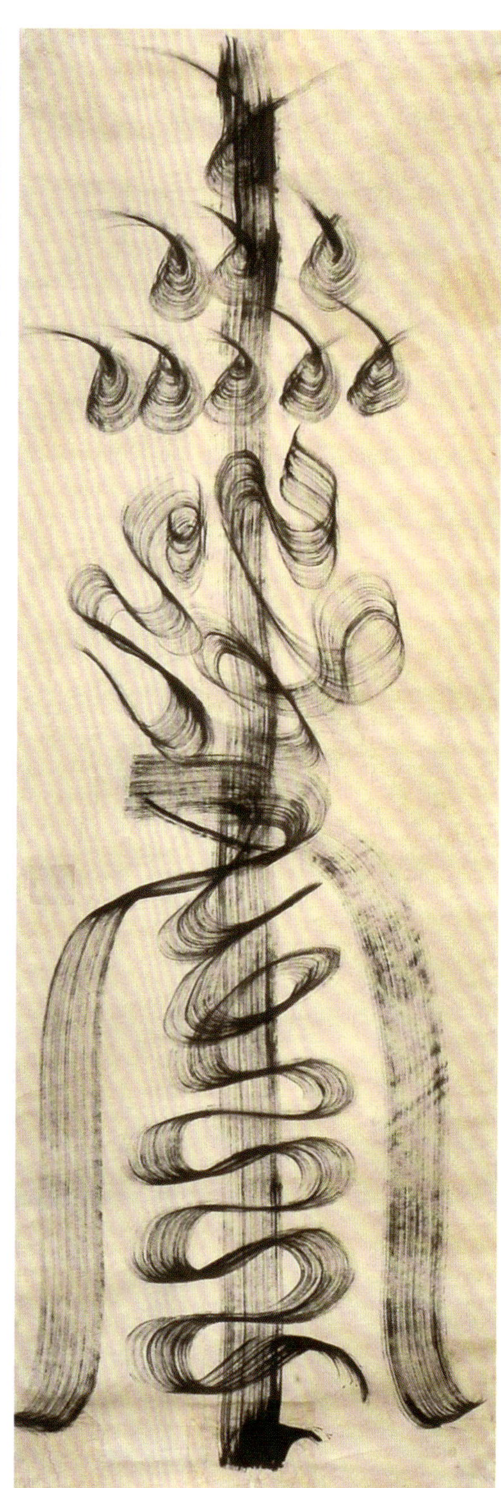

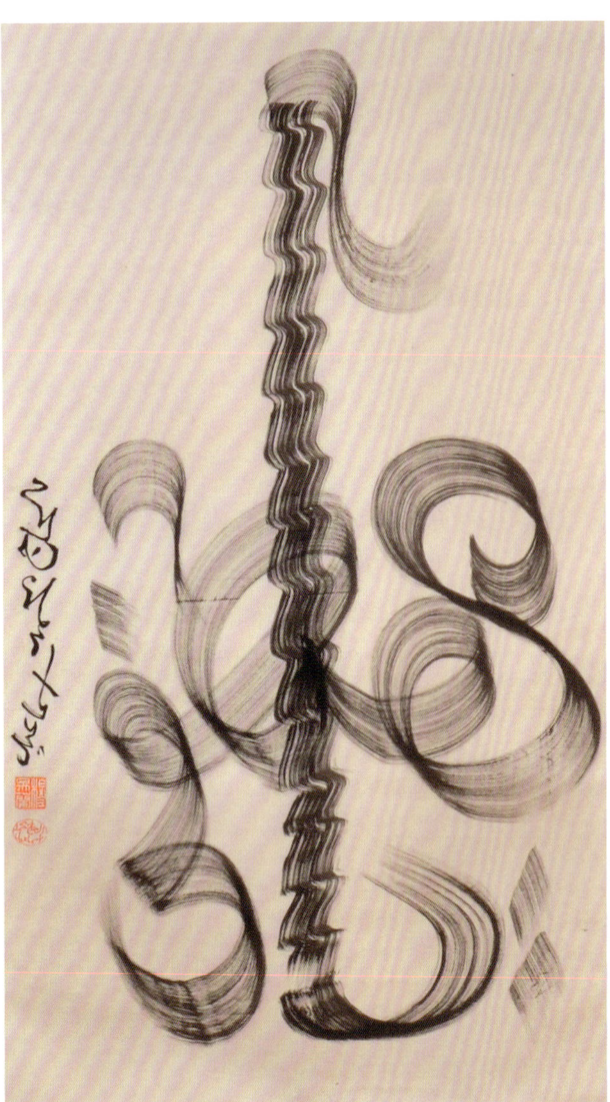

5-21 穆易兰阿拉伯文中堂 现代

中堂纵104厘米，横76厘米；条幅纵95厘米，横26厘米

纸本，墨笔。

中堂、对联各钤印两方，一为经名，一为汉名。中堂是穆圣名“穆斯托发”（“被选拔者”），条幅为圣训，意为“你耕耘今世，就如永远活在世上一样；你耕耘后世，就如明天死亡一般”。

哈吉·穆易兰（1903～1995年）先生曾任宁夏回族自治区伊斯兰协会主任，著名的阿拉伯文书法家，他不仅在纸上写出优美的阿语中堂，还可在布、玻璃上创作出不同风格的中堂和条幅，国内许多清真寺和一些穆斯林家庭都有他的墨迹。他写的阿文书法挥洒自如、笔力遒劲，充分展示了阿拉伯文书法的特点。在1985年银川召开的宁夏国际伊斯兰经济技术合作洽谈会上，他展出的阿文条幅、对联等阿文书法作品，被国外宾客全部收购珍藏。

穆易兰先生正在书写阿拉伯文

5-22 阿拉伯文禁寺中堂 现代

纵132厘米，堂横55厘米，条横29厘米

质地为灰底米格纹布，中堂画面蓝色底，绘有麦加禁寺天房在寺的中央，条幅黄底墨书阿拉伯文，左联内容为“有认识的人，乃是由细微的事达到自我完善的人”，右联内容为“完善的人，乃是以尘世的消失和自身的存在而高贵的人”。有钤印两方，一为汉名，另一为阿拉伯文经名：哈吉·穆罕默德·伊斯梅尔。

5-23 阿拉伯文中堂 现代

纵161厘米，堂横78厘米，条横3厘米

纸本，喷墨。

这是用阿拉伯文字样的模子喷印在纸上，中堂内容为“以他们所写的起誓”，条幅文“赞主超绝万物，他以自己的悉知显现了万物的本质”。

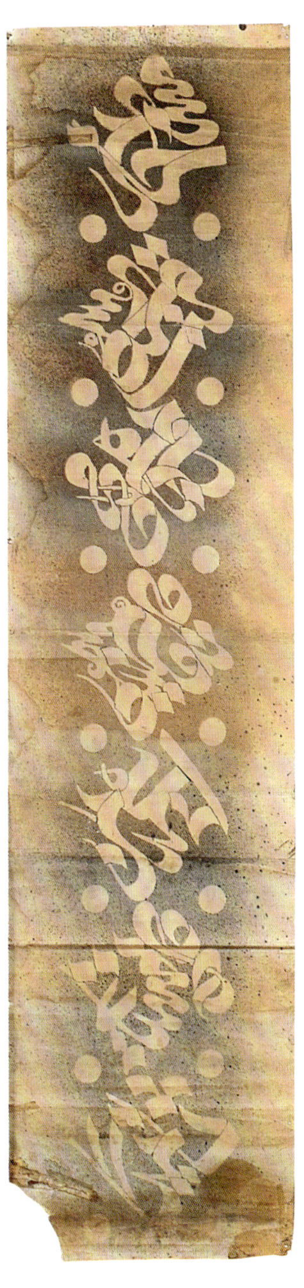

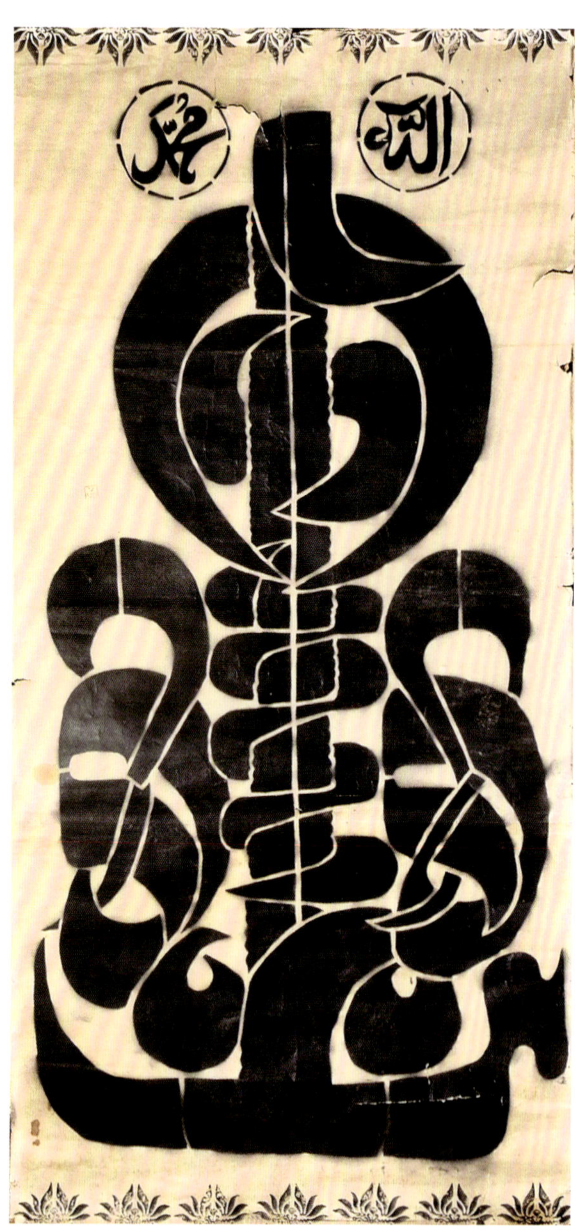

5-24 阿拉伯文中堂 现代

纵163厘米，中堂横78.5厘米，条幅横39厘米

纸本，描摹。

油面纸，先描摹出阿拉伯文字的外形，再用黑彩填充，中堂天头、地角及对联两侧装饰莲花图案。中堂内容为“以他们所写的起誓”，条幅文“赞主超绝万物，他以自己的细知显现了万物的本质”。

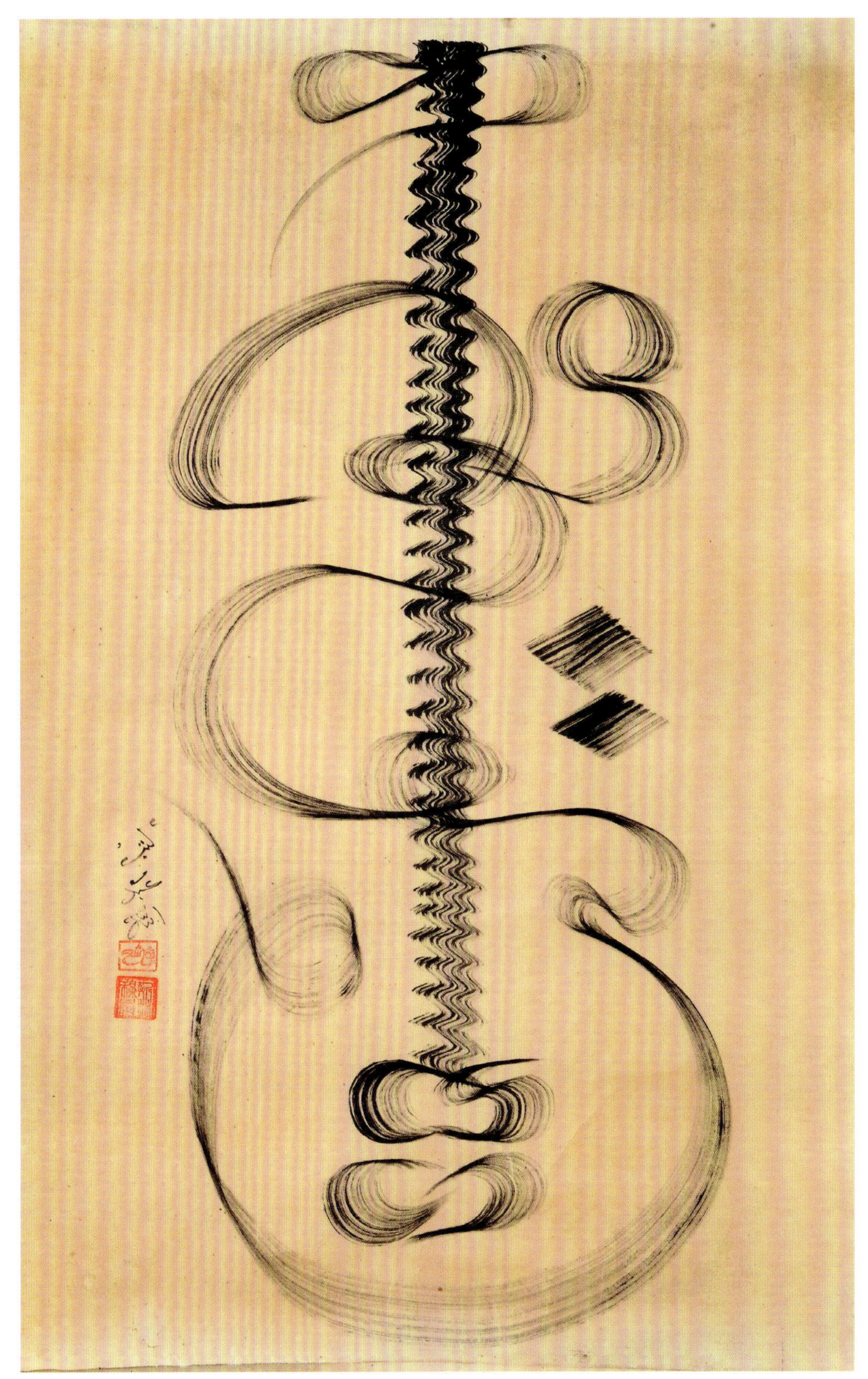

5-25　阿拉伯文中堂　现代

纵172厘米，横72厘米

纸本，墨笔。

作者署名“阿布杜拉书”，朱文印章两方，一为经名，汉译为“优素福”；一为汉名，待识。书写内容为“监护的主啊！”。

5-26 阿拉伯文木版印中堂 现代

纵148厘米，中堂横60厘米，条幅横34.5厘米

纸本，印版。

这是用木质的印板墨印而成，对联画面分三层，上层为太思米，中间三组阿拉伯文，两边圆圈为“穆罕默德”名，下层为“赞颂真主——全世界的养主”。中堂画面分两层，上层为太思米，中间两侧为阿里巴巴之剑，花瓶中的阿拉伯文是清真言，花瓶上插一大朵荷花，两边各两朵荷花和叶子，荷花上部为阿文“真主是独一的主宰”。

5-27　阿拉伯文花卉装饰画　现代

长110厘米，宽79厘米

纸本，设色。

画面呈长方形，内外分三层。最外层是用蓝墨水画的花叶纹饰；第二层为十四个圆形描墨阿文图案，其间用花叶来点缀；里层两侧各有一墨绘阿拉伯文花瓶，左瓶内容为“信士的心是真主的‘阿尔什’”，右瓶内容为“认识自身的人，确已认识他的养主真主了”，并附有花纹底座，其间用花叶纹饰填充，正中为用铅笔双钩成字的阿拉伯文，内容为清真言。

5-28 阿拉伯文横幅 现代

纵188厘米，横70.5厘米

纸本，墨笔。

钤印两方，文不可识。书写内容为“太思米”。

5-29　刻阿拉伯文木砚台　民国

长25厘米，宽17.5厘米，厚3.5厘米

长方形，通体呈紫红色，正面上端单栏圈，并刻有阿拉伯文，意为“真主啊！”下端为一正方形的凹墨池；背面有一正方形的宽边，内上端单栏圈，并刻有阿拉伯文字样，内容是“穆罕默德啊！”左下角有印戳经名，字迹不清，待识。

5-30　刻阿拉伯文石砚台　民国

长10.7厘米，宽5.3厘米，厚2.5厘米

白石质，长方形，宽缘，上下刻有植物花卉纹饰和阿拉伯文字样，内容为“太思米”，两侧刻有鸳鸯图案，中间为一正方形的墨池，池缘较窄。

5-31 刻阿拉伯文石砚台 民国

长17.5厘米，宽14.5厘米，厚7.5厘米

白石质，通体呈长方形，涂红颜色，正面上端阳刻阿拉伯文，内容为“太思米”，下端凿刻出一圆形的墨池和三个凹槽。墨池下方浮雕串枝梅花。

5-32　刻阿拉伯文铜墨盒　民国

边长4.8厘米，厚2厘米

黄铜质，正方形，子母口，盒盖正中刻有植物花卉和一只蝴蝶，蝴蝶上方阴刻阿拉伯文，内容为“太思米”。

5-33 刻阿拉伯文木笔筒 民国

高17.7厘米，直径8.7厘米

圆桶形，手工挖削而成。口外沿有一道凹槽，腹壁两组圆形开光内，剔地阳刻阿拉伯文字样，内容均为“穆罕默德啊！”。

5-34　刻阿拉伯文木方笔筒　民国

高20.8厘米，上口长15厘米，宽14.8厘米，下口长15.8厘米，宽15.3厘米，腹长14.8厘米，宽14.5厘米

正方形直筒，通体施红漆，方口宽沿，直腹壁，四棱磨为圆弧，四壁中间设方龛，内刻圆形双组阿拉伯文，意为“真主”、“普慈的”、“神圣的、和平的”等，方形宽边座。

笔筒四面纹饰

5-35 “格来姆”（芦笔） 民国

长15厘米，宽1.8厘米（上）；

长15厘米，宽4.3厘米（中）；

长20厘米，宽7.5厘米（下）

由藤条捆扎而成，呈铲形，或宽、或窄。是阿文书法的专用笔。

5-36　刻阿拉伯文宝剑形木印板　现代

长45厘米，宽19.4厘米，厚4厘米

手工雕刻而成，表面刻有宝剑图形，剑尖开叉，剑身阴刻阿拉伯文字样，内容待识。

5-37 刻阿拉伯文花瓶形木印板 现代

长25.5厘米，宽12厘米，厚1.5厘米

手工雕刻而成，通体呈花瓶形状，内刻阿拉伯文字样，内容为清真言。

第六部分 服饰与刺绣

回族服饰讲究整洁、美观、简朴、舒适，颜色以白、绿、黑为主，突出表现在头饰上：男子戴白帽，妇女戴不同颜色的盖头。另外，回族妇女还有戴首饰的习惯，大部分女子从小就要扎耳孔，戴耳环。已婚妇女还要经常开脸，以保持面部的清秀干净。

回族民间刺绣也独具风格。在宁夏南部回族聚居区，回族姑娘们常常以刺绣比聪明，争巧手，看本事，视刺绣为一种吉祥的艺术情趣。每个姑娘或媳妇，一般都有一个刺绣用的小包袱，平时注意购置各种刺绣针、剁针和花丝线。每当走乡串户的货郎担来到山乡村头时，妇女们争相选购五颜六色的花线。到农闲时，便互相串门，三个一伙、五个一群地坐在一起，拿出绣花绷，做起刺绣活。回族妇女的刺绣都有自己的巧妙构思和飞针走线的“套路”，她们在鞋头、袜底、鞋垫、坎肩、经挂、裹肚、香包、缠腰、枕顶、枕套、帽沿、耳套、荷包、围裙、盖头、褥面等用品上绣着各种花纹和图案。针法有平绣、结绣、盘绣、扎绒绣、拼贴等多种。在色彩上，讲究冷暖相照，对比强烈，多用黑、白、藏青、深紫作为底色，将红、黄、蓝、绿等作为花色。题材多为牡丹、茶花、夹竹桃、鸡冠花、梅花等植物花卉。许多图案吸收了汉族传统刺绣的内容，如象征吉祥的“孔雀开屏”、“百鸟朝凤”、“狮子滚绣球”等，象征爱情的“蝴蝶双飞”、“蜜蜂采花”等。

6-1　黑花绒盖头　民国

长68厘米，宽25厘米

盖头，是穆斯林妇女传统的遮面护发头巾，主要是为了遮盖头发、耳朵、脖子。回族已婚妇女不外露头发，同时也为了防沙保洁，便逐步形成了披戴盖头的习俗。回族妇女的盖头颜色有绿、黑、白三种，未出嫁的女子戴绿色，中年妇女戴黑色，老年人戴白色。盖头多选用丝、绸和绒等高中档面料制作。老年人的盖头较长，披到背心处；姑娘和中年妇女的较短，只披到肩上。

佩戴盖头的回族妇女

6-2 绿花绒盖头 民国

长57厘米，宽25厘米

佩戴盖头的回族妇女

6-3 绣阿拉伯文白绸六角帽 民国

高17厘米，直径16.5厘米

白帽，又被称做“回回帽”、“礼拜帽”。回族传统男帽，系一种无沿小圆帽。回族在礼拜磕头时，前额和鼻尖必须着地，戴无沿帽较为方便。礼拜帽的颜色通常以白、黑为主，也有灰、蓝、绿色。白色回回帽多用棉布制作，因地区和教派不同，其样式也有区别，除圆帽外，还有圆边角帽及尖顶六角帽。另外，经常礼拜者礼拜时还戴一种白色或黄色的缠头巾，即“戴斯塔尔”（波斯语，意为缠头巾）。

此帽六角形，帽中缝红色盘扣状纽，帽顶、帽沿用黑线绣出阿拉伯文。正前方的内容为“幸福哉，居住在翠绿园中的人”，帽顶文字待识。

戴白帽和“戴斯塔尔”的回族老人

戴“戴斯塔尔”和白帽的回族老人

6-4 戴斯塔尔 现代

长110厘米，宽117厘米

穆斯林用品，一种白色或黄色丝制的头巾，俗称缠头巾。现在回族戴缠头者主要是经常上寺的礼拜者。

6-5　绣花黑布坎肩　民国

长70厘米，宽29厘米

此系一种无袖的上衣。原料为布、绸、绢、苎麻等，有夹、棉、单等多种。冬夏均可穿用，为回族男子所喜爱。

6-6 红绸花大襟衣 民国

长75厘米，宽62厘米

表里两层，手工缝制，领口裹绿边。

6-7　绣莲花绸肚兜　民国

长40厘米，宽20厘米

红绸为地，五彩花线绣出莲花、梅花、石榴花等，形象写实，构图疏密有致。

正在剪纸的回族妇女

6-8　绣花布枕套　民国

长35厘米，宽27厘米

红布为地，用五彩花线绣多种植物的根、茎、枝、叶、花。构图疏朗，色彩淡雅。

6-9　黑布绣花枕套　民国

长38.5厘米，宽16.5厘米，高15.5厘米

黑布为底，白线围边。两侧用彩线平绣花卉图案。构图紧凑，色彩浓艳。这是宁夏南部山区回族家庭常用的床上用品。

正在做针线活的回族妇女

6-10 碎花蓝布耳枕 民国

长39厘米，宽20厘米

呈长方形，表面印花蓝布，中间贴耳处开四瓣花形孔，两端印花黑布，做工精巧，地域特色鲜明。

6-11 绣花布耳套 民国

长12厘米，宽10厘米

通体呈桃形，黑底，镶竖条五彩边，表面绣有五彩的花叶和蝴蝶图案，色彩艳丽，做工细致。

6-12　绣花布鞋　民国

长23厘米，宽9厘米

麻线纳底，绿缎作帮，鞋面、鞋跟绣五彩花卉，鞋口、鞋襻红布裹边，针脚细密。

6-13　绣莲花绸壁挂　民国

长29厘米，宽23厘米

此为回族家庭中的装饰品，上端为一朵莲花，用红、橙、黄、绿、褐等暖色绸堆贴而成。中间为一黄绿色的荷叶，下面是黑丝线组成的穗子。这是一种非常独特的绣法，其过程是先剪出花样，然后贴在绸布上，再配以不同颜色的丝线，将其绣在绸布上，或先在绸布上画出图案再绣，绣品明亮、干净，富有乡土气息。

6-14 绣莲花绸挂件 民国

长23厘米，宽2.5厘米

形如莲蓬，绿线绣叶和蕊，粉线绣花瓣，红、白线绣茎秆，下垂彩蝶形吊缀。花叶两端各连俩丝穗。

正在做针线活的回族妇女

6-15 绣花绸挂瓶 民国

长25厘米，宽14厘米

绿绸为底，用五彩线绣出花枝、凤鸟，下缀彩绣双飘带。

6-16 **莲花挂件** 民国

长7厘米，宽14厘米

上端绿绸为底，用五彩丝线绣出一朵盛开的牡丹；中端为蝶翼形花叶；下端为五组串珠连铃铛或丝穗。构思巧妙，比例匀称，色彩丰富。

6-17 缝绣挂件 民国

长35厘米，宽12厘米

整体分上、中、下三截。上截为菱形，绿布为底，白布裹边，对角用红线将白布条缝成“小字形”；中截为五瓣花形，粉布为底，用白布剪成花瓣状，贴于底上，再用红、绿、粉色丝线缝绣；下截为串珠挂铃和红丝穗。

6-18　绣莲花布挂件　民国

长57厘米，宽23厘米

整体分三截：上截用五色彩绸和布料堆绣出花瓣再缝合成整朵莲花；中截用褐布为底，绣出淡绿色蝶翼形花叶；下缀蝴蝶结挂黑丝穗。

6-19 绣花布挂袋 民国

长44厘米，宽23厘米

横排三联袋，黑布为底，五彩线绣出花枝、梅花鹿；袋封口黄布作底，绿线纤边，上绣五彩花叶和喜鹊登枝。袋两端用三盘扣相闭合。

6-20　绣花布挂　民国

长55厘米，宽44.5厘米

整体分三截：上截如意云头形，绣五彩花枝、莲瓣纹；中截长方形，以黑布为底，用粉红、翠绿、浅黄彩布堆贴成四方联弧纹，再绣花叶、竹枝云朵纹；下截为丝网联穗。

6-21 绣花布壶套 民国

长35厘米，宽38厘米

基本呈半圆形，黑布作底，红布裹边，正反两面均绣有各种五彩花卉图案。顶端开孔，便于提壶。纽如伏鸭，羽分五色。此物为冬季壶水保温而作，简便实用，装饰艳丽。

6-22　绣花布壶套　民国

长35厘米，宽40厘米

略呈半圆形，黑布为底，一面贴红布，绣五彩花卉、飞鸟、蜜蜂；另一面堆贴红布回字花叶纹彩条，绣五彩荷叶莲花、金鱼、蜜蜂。顶部开孔，纽为桃形。

6-23 绣花布壶套 民国

长35厘米，宽38厘米

略呈半圆形，黑布为底，两面均用红、紫、黑、绿、黄色布料堆贴成八方联弧图案，上绣五彩花鸟。绣面构图复杂，拼接巧妙，色彩浓艳。顶部开孔，纽为环形。

6-24 绣蜻蜓布挂件 现代

长17厘米，宽30厘米

此物为回族家庭中壁挂，总体呈蜻蜓飞行状，其制法是先拣选彩色的绸布，分别剪出蜻蜓的身体及翅膀，然后绣上各种花卉图案，勾勒出五彩边，再缝合成形，具有十分浓厚的地方特色。

6-25　剁绣阿拉伯文布挂件　现代

长80厘米，宽51厘米

白布为底，绣图呈扇形，边框用彩线绣出水波纹样，内为五彩线绣出阿拉伯文字样，内容为“真主是独一的主宰”，左下角绣有阿拉伯文经名。

6-26　缝绣阿拉伯文布挂件　现代

长80厘米，宽51厘米

白布为底，绣图呈扇形，边框用彩线绣出水波纹样，内为绒布剪贴出的阿拉伯文字，内容为“太思米”，左下角绣有阿拉伯文经名。

6-27　绣阿拉伯文毛织挂件　现代

长68厘米，宽30厘米

毛织品，通体呈长方形，正中为黄色的底子，上织有蓝色的阿拉伯文字样，内容为：“清高的真主说：‘真主所喜悦的宗教，确是伊斯兰教’。”（《古兰经》3：19）周围为深红色边框，下坠黄色的穗子，此为回族家庭中的挂件。

6-28　绣阿拉伯文黑绒壁挂　现代

长111厘米，宽79厘米

长方形，黑丝绒为底，用红丝线在四角绣缠枝纹，中部绣四行阿拉伯文字样，内容为："真主，除他外绝无应受崇拜的；他是永生不灭的，是维护万物的；瞌睡不能侵犯他，睡眠不能克服他；天地万物都是他的；不经他的许可，谁能在他那里替人说情呢？他知道他们面前的事和他们身后的事；除他所启示的外，他们绝不能窥测他的玄妙；他的知觉，包罗天地。天地的维持，不能使他疲倦。他是至尊的，确是至大的。"（《古兰经》2：255）

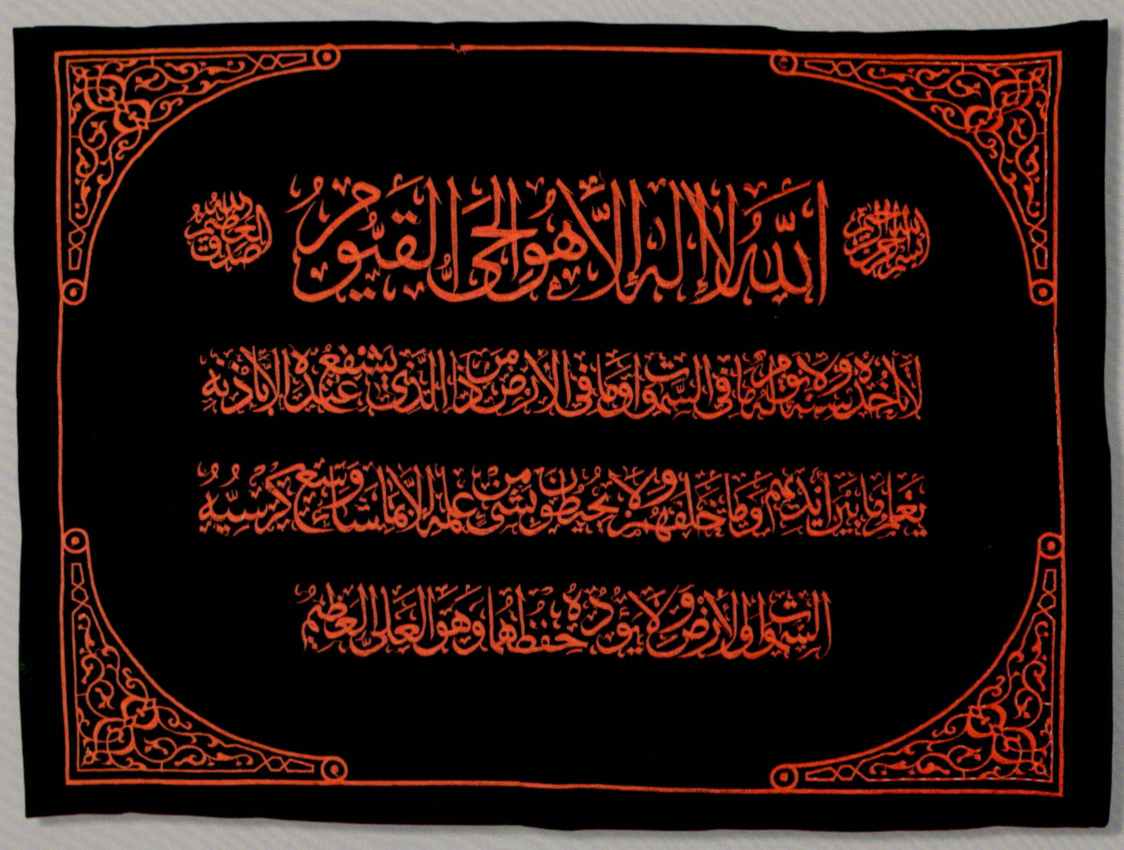

6-29　绣花布门帘　现代

长84厘米，宽60厘米

长方形，多为的确良白布，用彩线剁绣出牡丹花、梅花、枸杞、灯笼等图案，上端绣有阿拉伯文字样，内容为“你好”。此种布帘色彩艳丽、做工精美，在宁夏南部地区回族家庭中十分流行。

6-30 拼布绣花布包 现代

长45厘米，宽37厘米（左）；长36厘米，宽35厘米（右）

略呈正方形，正反两面均由多种颜色的碎布头拼接而成，有两个提绳，包的边缘缝有折叠的花边，色彩艳丽，手工精巧。此种包是宁夏的南部山区学生常用的书包。

6-31 刻阿拉伯文花形铜首饰盒 明

长16.8厘米，宽13.7厘米，高7.8厘米

整体作四瓣花形，子母口。盖面四个月牙形花瓣内阳刻出流云纹，盖面正中开光内以珍珠纹为底，阳刻有阿拉伯文字，内容为“一切赞颂全归真主”。此外，盒外壁阳刻大团折枝花卉纹。盒底刻有“正德年制”款。

6-32　阿拉伯文景泰蓝铜脂粉盒　清

直径10厘米，高6.8厘米

通体呈圆饼形，盖面纹饰分为两层。内层为黄色阿拉伯文清真言，外层饰红、蓝两色回纹，间以红色的小圆点。盒外壁以深蓝色为地，密布着细小的窄叶纹，掐丝工艺精湛。此为回族妇女平时所用的化妆盒。

6-33 “喜”字螺钿梳妆匣 民国

长19.5厘米，宽15厘米，高11厘米

通体为长方体，内部分两层，上层是长方形的玻璃镜，下层是一个小抽屉，表面饰以黑漆，用螺钿拼成花卉及“喜”字图案，两侧各有一半月形铜把手，四角箍有铜包角。此为回族妇女日常所用之物。

6-34 红漆雕花木首饰盒 民国

长29.5厘米，宽22.5厘米，高19.5厘米

通体为长方形，呈红色，梳妆盒内部设计颇具匠心，打开盒盖，可以看见折叠在盒内的一块可以活动的镜子，镜子的角度和位置可以随意调整。镜子下面分前后两档，后档为两层屉，前档是可以左右开启的方格,盒子正面浮雕两组狮子滚绣球的图案，并有蝙蝠形的铜销子和锁扣，两侧各有一个半月形提手。

6-35 银头饰 民国

弧长19厘米，宽13.5厘米（上）；弧长15厘米，宽12.7厘米（下）；

弧长13厘米，宽8.5厘米（右）

该头饰为回族妇女结婚时额头上佩带的饰物。用传统的錾花、镂刻、绞丝等技术，精雕细琢出各种花卉、凤鸟和窗饰造型，用银链及银条编织串联而成，款式古朴，作工细致，散发出浓郁的乡土气息。

佩戴首饰的回族妇女

6-36 银铃耳环 民国

长5.4厘米

花苞形银片，上接弯钩，下垂三条银链挂铃。造型简洁质朴，铃声清脆悦耳。回族妇女有戴耳环的习惯，据说它能使人心明眼亮。回族群众当中有句顺口溜："姑娘眼睛亮，耳环子挂两旁。"

6-37　**银发卡**　民国

长11.5厘米，宽1.5厘米

亚腰柳叶形，正面刻有花卉纹。

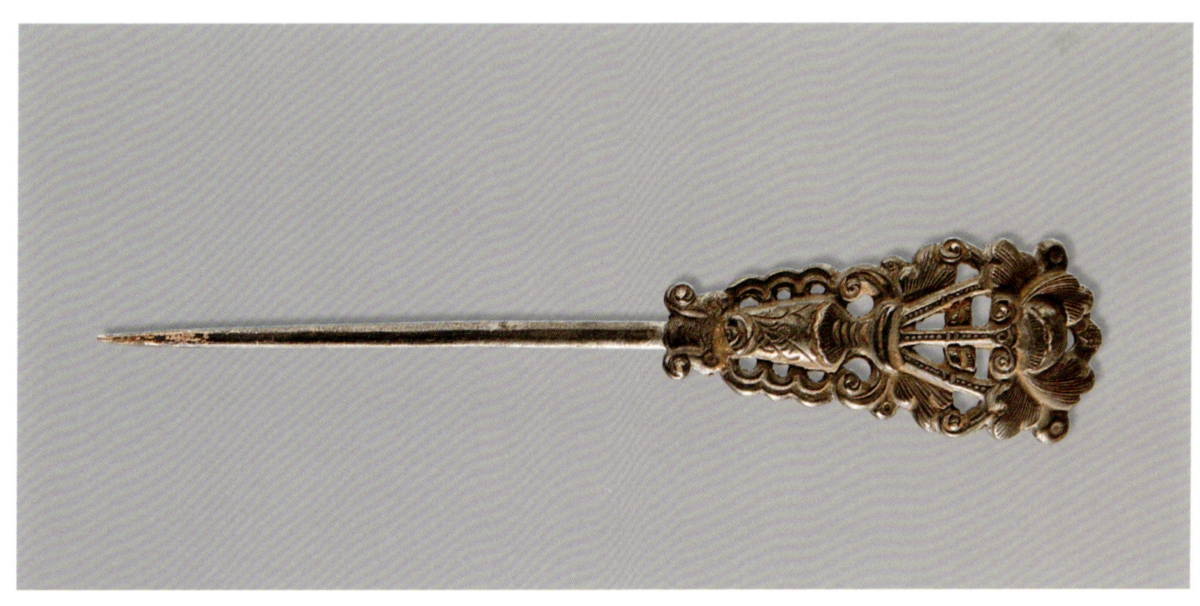

6-38　**银簪子**　民国

长11.2厘米，宽2厘米

前端尖锐，末端镂雕成插花宝瓶状，边缘卷云纹。

6-39 嵌珠花簪子 民国

大小不一，① 长12.1厘米，宽3.8厘米；② 长6.2厘米，宽4.2厘米；

③ 长11.2厘米，宽1.8厘米；④ 长13.3厘米，宽4厘米；

⑤ 长13.3厘米，宽1.3厘米；⑥ 长11.3厘米，宽7.4厘米

此类首饰多以铜、银两种材质为主，采用拔丝工艺和镶嵌工艺，将玛瑙和玉石固定，制作出各种花卉造型，色彩艳丽，工艺精美，是回族妇女十分喜爱的佩饰。

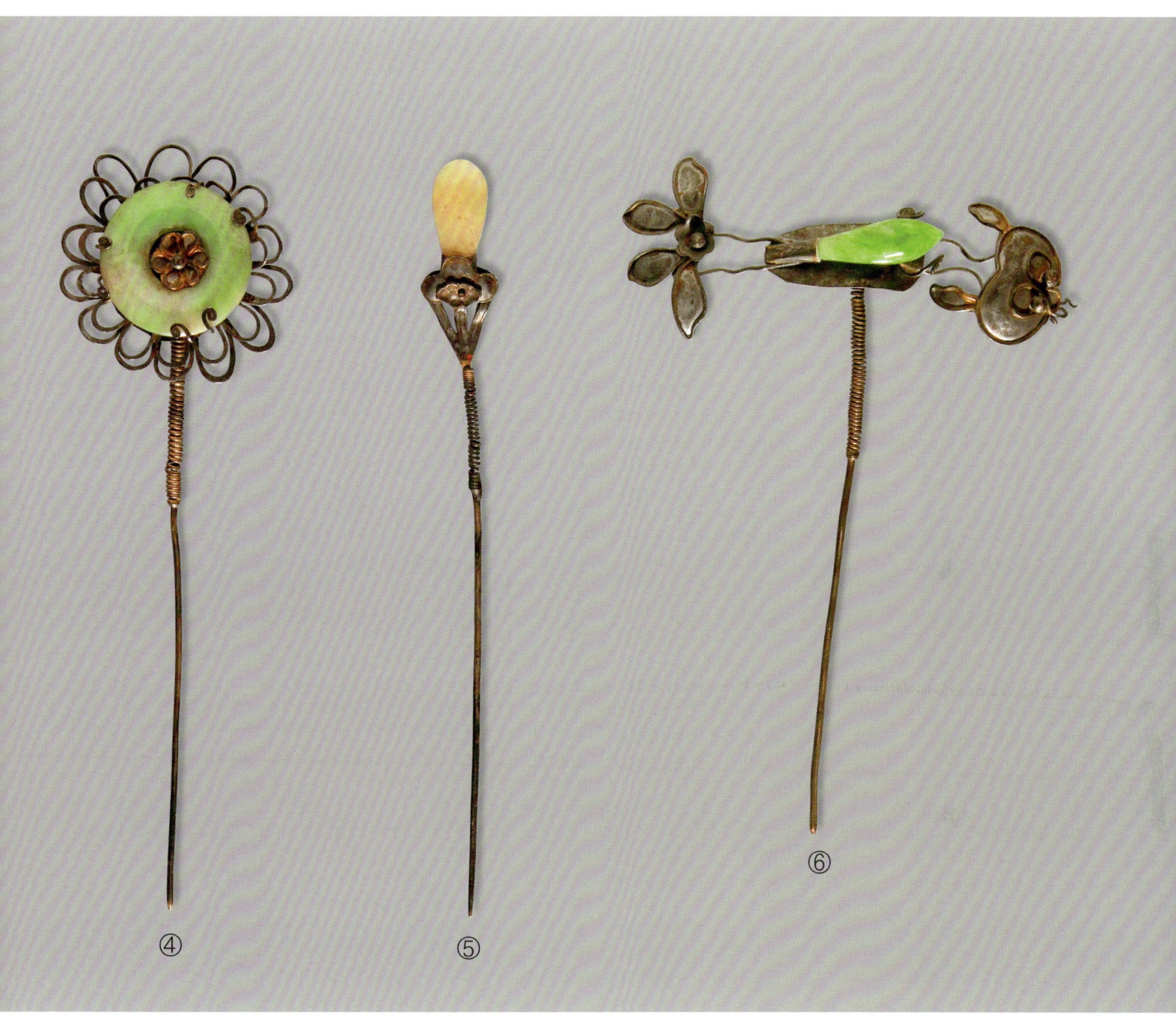
④
⑤
⑥

6-40 蝴蝶形嵌珠花铜簪子 民国

长15.8厘米，宽4.5厘米

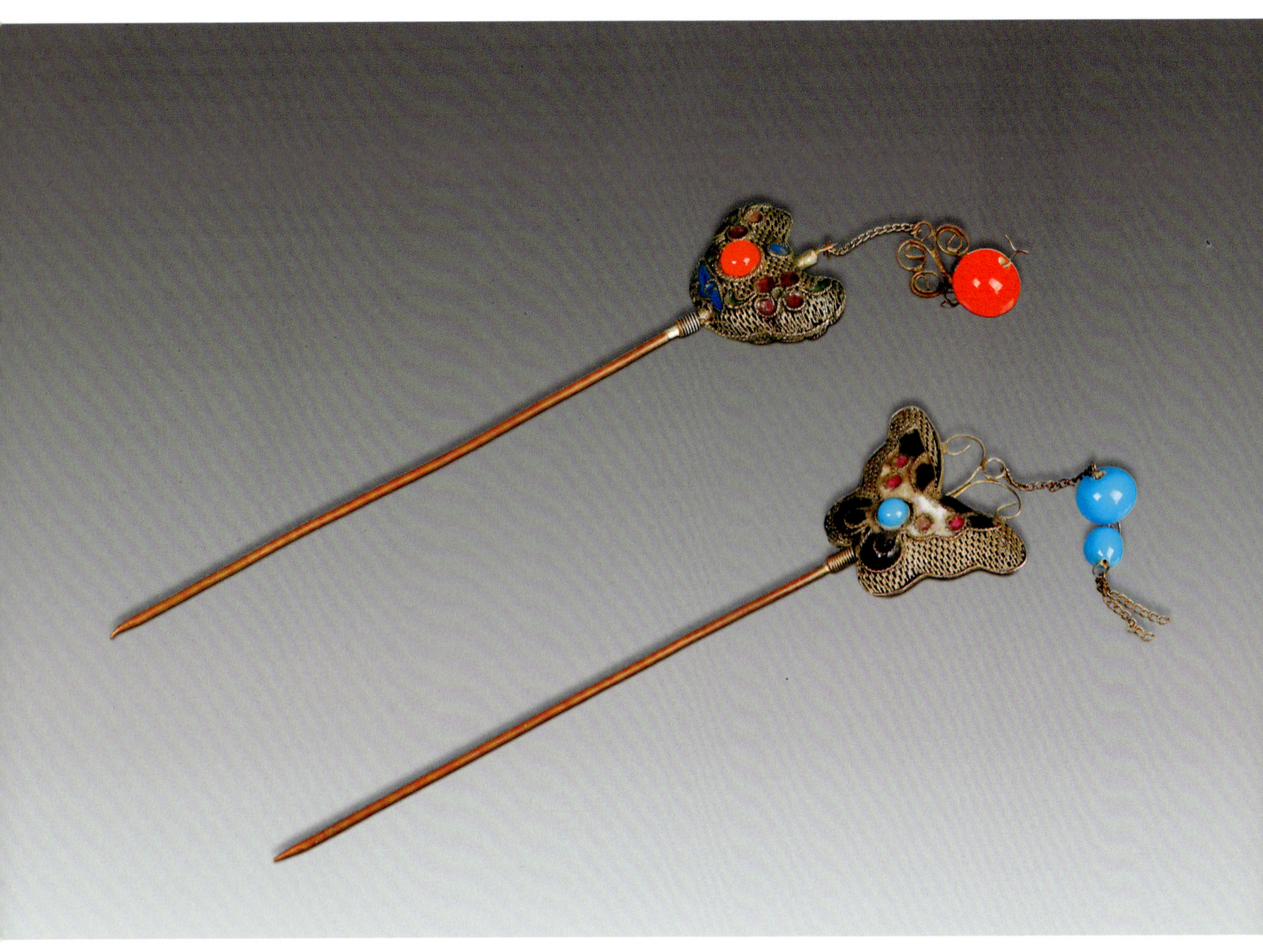

第七部分
民间乐器

宁夏回族在长期的社会生活中，传承古代地域原生态乐器和西北边塞乐器，发展出了被本地回族群众称为哇呜、咪咪、口弦等回族民间乐器。经文史学家考证：宁夏的哇呜、咪咪、口弦分别是汉唐以来中国古乐器埙、羌笛、芦管、簧的流变和遗存。唐太宗《饮马长城窟行》诗中“胡尘清玉塞，羌笛韵金钲”和李益“不知何人吹芦管，一夜征人尽望乡”的诗句，均是当时对宁夏当地流行器乐的记述。经过历史的变迁，这些乐器现在其他地区已十分少见，但在宁夏回族自治区回族群众中还较为流行。

7-1 竹口弦 民国

长约10厘米

形似铲状，中间为簧片，尾部及簧片头部均挂有珠串和彩色的穗子。演奏时，以左手将口弦置于唇边，右手拉动穗子线，靠空气震荡发音。

“口弦”是回族妇女喜爱的一种小型弹拨乐器，也叫“口儿”、“口琴”。一般常见的有两种：一种是竹制，长约10厘米，扯线弹奏；一种是铁制，长5厘米，拨钩弹奏。口弦的曲调较固定，音域较窄，多为即兴编创。在其尾部大都栓有一个有五彩穗子、珠子等，不弹时挂在衣服的扣子上作装饰品。

正在吹口弦的回族妇女

竹口弦

竹口弦

正在吹口弦的回族妇女

7-2　铁口弦　民国

长约8厘米

形如镊子，圈上连簧片，尾部挂有珠串和彩色的穗子。演奏时，以左手将口弦置于唇边，用口腔做共鸣箱，右手弹拨簧片，靠口形、气息变化震荡发音，弹来随心所欲，轻松悦耳。

回族匠人在制作口弦

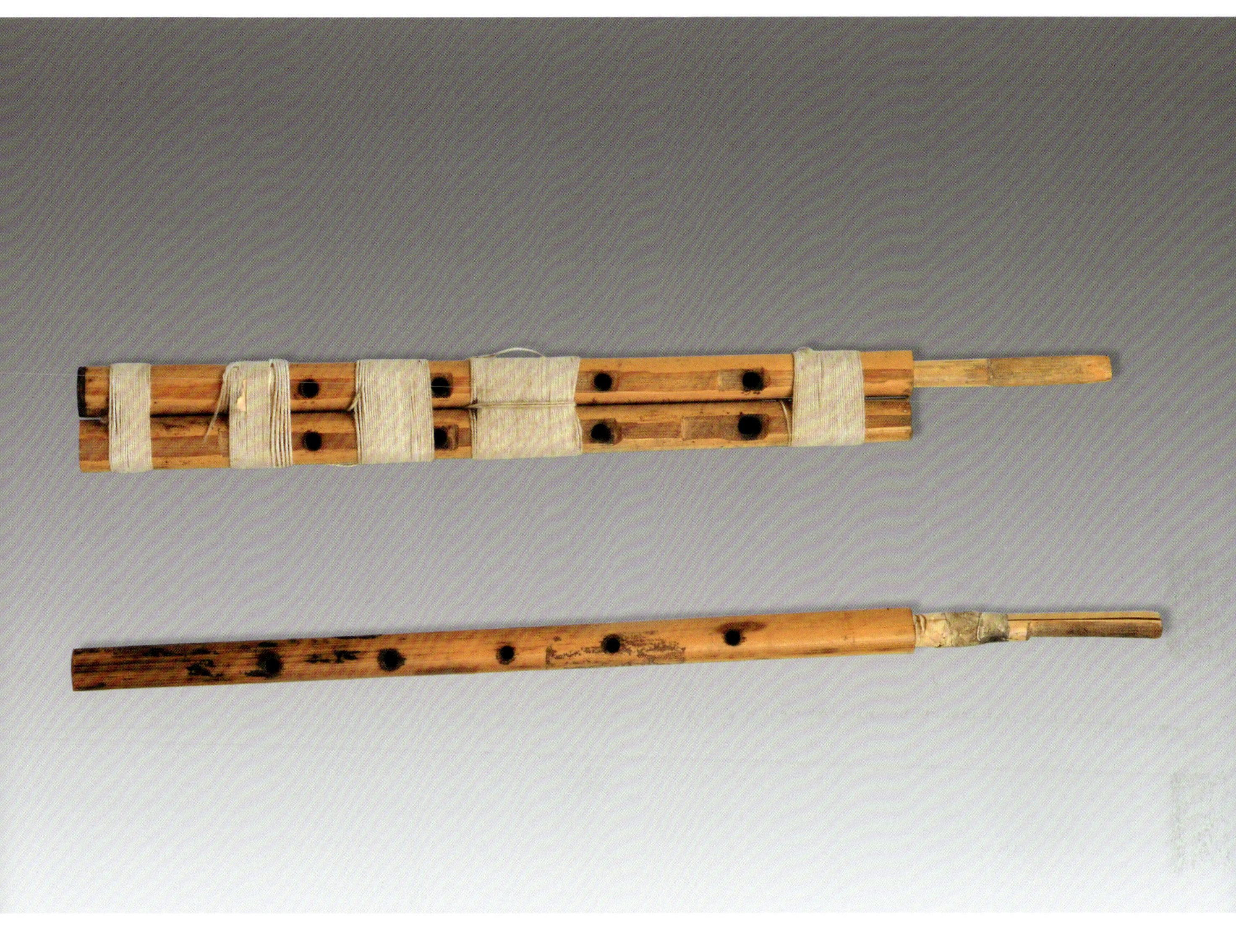

7-3　咪咪子　现代

长约23厘米

属吹管乐器，有两种形式，一种为单管，细长筒，管壁有五个圆孔，一端套有短细管；另一种为双管，一般用细绳捆扎起来，各有四个圆孔，顶端套有短细竹管，竖吹。

咪咪是流传在宁夏黄河两岸的一种回族民间吹管乐器。一般用嫩软柳树皮管做成，也有用竹子做的。吹奏时，用手指按住管上的小孔，随着指法的变换，发出柔和婉转的“花儿”曲调。回族少年中传唱着：“咪咪，咪咪，你响响，我给你盖间新房房；咪咪，咪咪，你响响，我家养了只大绵羊；咪咪，咪咪，你响响，春种秋收多打粮。”咪咪制作简单，无论在田野，还是室内，随时可吹奏自娱。放羊娃在广袤的河滩上用咪咪赶走荒凉和寂寞。

7-4　哇呜　现代

高10～14厘米，宽10～15厘米

用黄胶泥制成，形状各异，大小不一，有扁豆形、牛头形和鸡蛋形等，表面光滑，并有多个大小不一的圆孔，部分还装饰有阿拉伯文字样，内容为“中国宁夏”、人名“努哈·伊本·麦斯欧德”。吹奏时，需要放孔和压孔，音域较窄。

“哇呜”是一种在宁夏回族中较为流行的吹奏乐器，因形状似牛头，又叫做“牛头埙”、“泥洼呜”或“泥箫”，古代称为“埙”。一些回族乐器“把式”（高手）用交叉颤指在高音哇呜上吹出其他乐器难以胜任的乐曲。由于其音色低沉悠扬，易于演奏，便于携带，在宁夏回族中世代相传，有句谚语云“哇呜唱，庄稼长，咪咪吹，牛羊壮”，正是回乡风俗的写照。

吹哇呜的回族少年

哇呜

Epilogue 结语

宁夏素有“中国回族之乡”的美誉，以勤劳、智慧、洁净著称的回族遍布宁夏山川。为了充分展示宁夏回族特有的物质文化，宁夏博物馆早在三年前就开始着手编撰该图录。当时在挑选回族文物时，发现馆里所收藏的回族文物不仅数量少，而且品种单一，不足以真正反映宁夏回族的社会生活。此后，我馆利用国家文物局每年有限的文物征集资金，加大了对回族民俗文物的征集力度。与此同时，我们也深切地感受到，回族文物的陈列不能从时间上拘泥于古代历史文物，而应该从现实回族的生活实际出发，把最能反映宁夏回族民间生活的实物展示出来。为此，我们将回族文物收集的范围做了进一步的扩大，将其独特的宗教习俗与宁夏地域文化结合起来，划分了“经典文献”、“宗教器物”、“日常生活用品”、“陈设用品”、“书画艺术”、“服饰与刺绣”和“民间乐器”七个部分，以此来全面反映宁夏回族的生活风貌。

在编撰过程中，宁夏伊斯兰教协会马成才副会长阅稿修改；宁夏回族自治区宗教局的杨生瑞副巡视员为本书审稿；宁夏伊斯兰教经学院的马玉珍、马义保、马学军老师，银川市西夏区盈北清真寺教长余崇仁和中国驻利比亚大使馆领事兼办公室主任马少义先生为本书的阿拉伯文做了翻译；当时在我馆实习的宁夏大学白丽同学也为该书阿拉伯文做了编辑整理。在此，我们表示诚挚的感谢！由于我们学识有限，书中可能会有一些错漏，希望来自社会各个部门的回族学专家提出宝贵的意见，为我们今后的工作提供帮助。

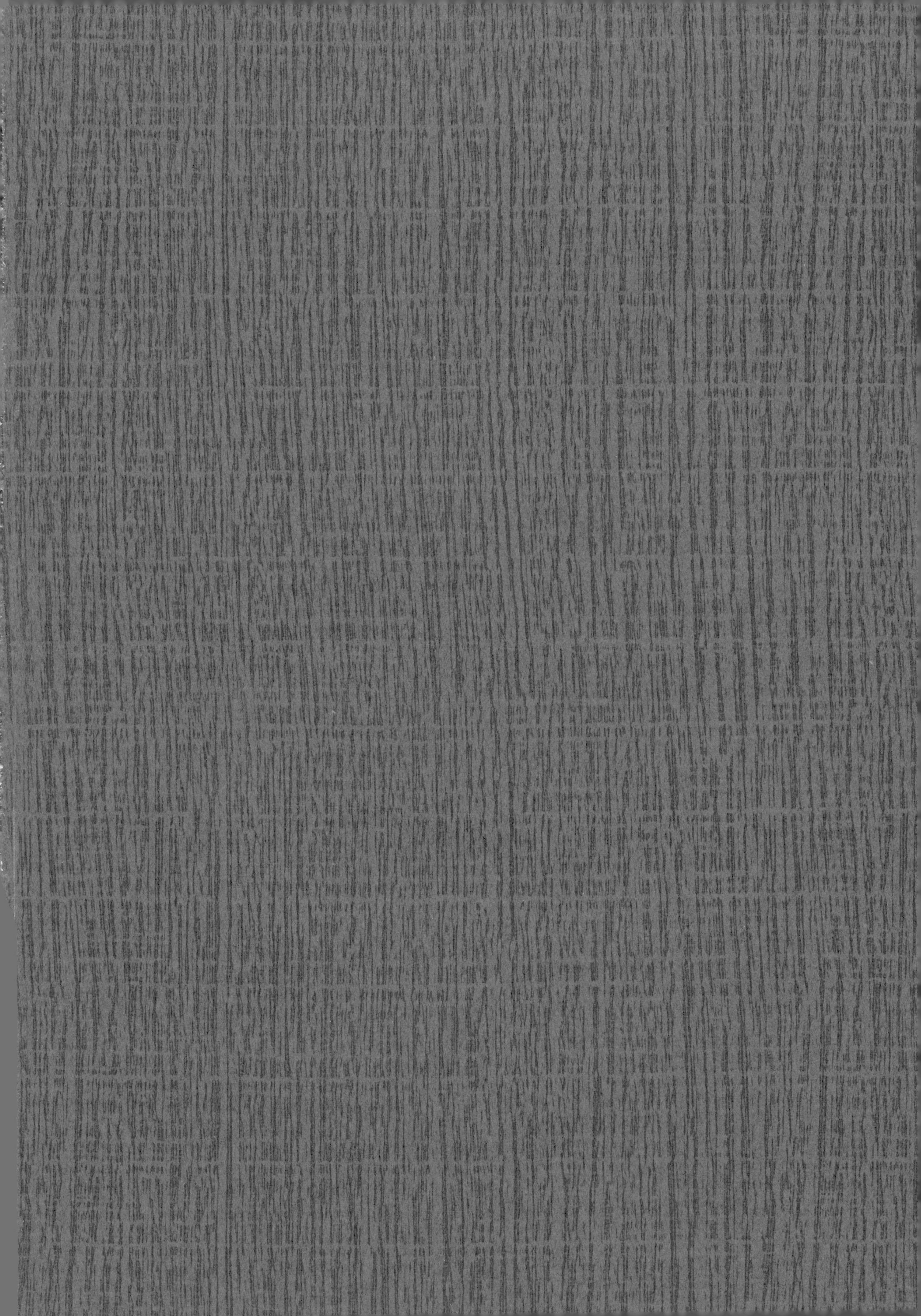

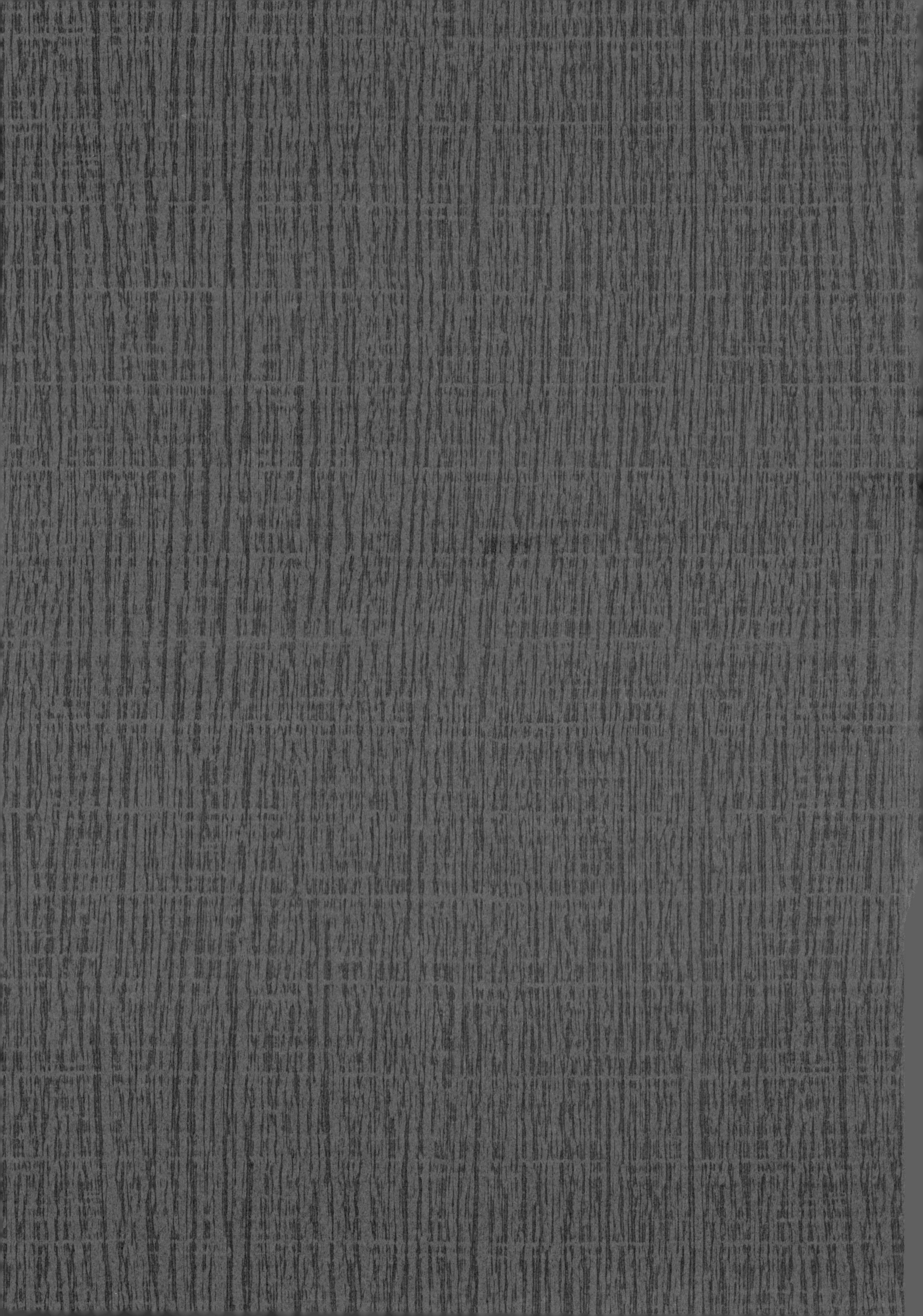